场景行为

基于行为视角下的

·商业透视·

陈虎东　欧阳毅芳◎编著

清华大学出版社
北　京

内 容 简 介

概括说来，场景是人类诸多社会活动的片段展示。随着商业越来越发达，这种人类社会的诸多活动就被利用起来，成为众多商业模式的构成要素。商业从业者在商业活动中逐渐有意识地采用人类社会的某些场景，来实现商业目的。在这种情况下，商业场景就形成了。

场景行为其实就是企业家或者商业从业者，在搭建商业场景的过程中表现出来的将思维、行为、理念、规范和途径等元素综合起来，最终践行的方式。

本书试图从场景行为的角度透视商业，希望尽量从"人"的角度探讨商业规律，对商业的本质做一个"新鲜"鸟瞰。

本书适合关注当前市场诸多商业模式的各界人士阅读，也可供商业从业者、研究者和想了解商业场景的人员阅读。

图书在版编目（CIP）数据

场景行为：基于行为视角下的商业透视 / 陈虎东，欧阳毅芳编著 . —北京：清华大学出版社，2021.1（2021.11重印）
ISBN 978-7-302-56702-8

Ⅰ . ①场…　Ⅱ . ①陈…②欧…　Ⅲ . ①商业经营 – 经济行为 – 研究　Ⅳ . ① F713

中国版本图书馆 CIP 数据核字（2020）第 203006 号

责任编辑：白立军
封面设计：杨玉兰
责任校对：徐俊伟
责任印制：朱雨萌
出版发行：清华大学出版社
　　　　　网　　　址：http://www.tup.com.cn, http://www.wqbook.com
　　　　　地　　　址：北京清华大学学研大厦 A 座　邮　　编：100084
　　　　　社 总 机：010–62770175　邮　　购：010–83470235
　　　　　投稿与读者服务：010–62776969, c-service@tup.tsinghua.edu.cn
　　　　　质量反馈：010–62772015, zhiliang@tup.tsinghua.edu.cn
印 装 者：三河市东方印刷有限公司
经　　销：全国新华书店
开　　本：148mm×210mm　　印　张：6.125　　字　数：136 千字
版　　次：2021 年 1 月第 1 版　　　　　印　次：2021 年 11 月第 2 次印刷
定　　价：49.00 元

产品编号：077038–01

　　人们在关注商业时，往往从商业模式、企业家精神和商业走向等方面来透视商业的本质。作者研究所关注的方向，对标的主体不同，产生的研究结果肯定也不同。诚然这是一种合理的研究方式，但是如何从"人"的角度来全面整体衡量一种商业形态，除了包括以上所提及的几个方面外，是否有必要重点从另外一个角度——人的行为——来透视商业的形态呢？作者认为这是有必要的。

　　无论是从商业模式、企业家精神还是商业走向等方面进行探讨，或者从其他多种不同的方向着眼，作者认为，所有的研究方向都要归结到人的行为。也就是说，对于人的行为的总体研究或者关注，都可以涵盖多种不同的研究范式。因为一切商业的本质特征，全部都由人的行为构建或者凸显出来。因此，研究人及其在不同场景下的诸多行为特征，能够更好地透视商业本质。

　　为了更好地说明人的行为对于观察商业本质的重要性，作者以企业家精神——这种最能体现人的行为的内容着眼，来简单阐述。

　　如果说企业家的成长是与历史时代分不开的，那么中国的企业家在这方面的表现尤为明显。中国的企业家和历史时代结合之紧密，以至于研究企业家的商业行为，就不得不涉及历史。

历史上进行商业活动的人，他们探寻商业规律的一个重要前提，在很大程度上，都是试图从自身行为角度去思考自己的商业活动。自身对于外界环境的回应、对于商业规律的探索、对于商业的寻获，乃至失败的时候对于商业活动的思考，基本上都是从自身的角度出发去反思的。

在这种情况下，人的行为和具体的活动结合起来形成的场景，就存在规律性。因此，从人的角度思考的相关的商业活动，思考人这个主体在商业活动中的行为规律，场景的意义就凸显出来了。

那么，回到主题，我们关注商业场景，最终的目的是什么？

人是构建任何社会关系的主体。不同的社会关系，其实就是人们在特定的环境条件下或者历史背景下所构造出来的行为场景。从这点而言，所有的社会关系其实分成了不同的场景，这些场景之所以不同，就是因为身处其中的人的行为不同而形成的。

例如，友谊场景，就是因为所处其中的人，大家能够尽最大可能地互相容纳对方，所以这个友谊的场景就被构建起来。这个场景中的人，都遵守一种固定的规则，就是容忍对方，维护相互之间的关系，并且尽量不破坏相互之间构建起来的这个大前提。因此，身处其中的人，对于友谊圈之外的行为，就和友谊圈之内的行为方式不同了。

还有因为憎恶、名誉、目标实现和人伦等场景的构建，身处其中的人，都会形成不同的行为，这些行为构建起来的场景，都是不同的——因为场景改变了，其中一些应该遵守的原则，都会发生变化。

商业场景其实是一个非常明显的例子，也是一个解释人的行为最重要的着眼点，因为里面的规则比较明显。它宣扬成本和利益，主张用合理的商业行为来完善社会生态。这样，相对较为露骨的理念（例如商业就是赚钱等），在人类的其他场景中，是见不到的或者很少直接被表现出来。但是，所有的人类行为构建起来的场景，其实都比较直接或者含蓄地可以用商业场景来进行解释或者描述。研究商业场景，在某种程度上就是研究人类行为。

例如，电商出现时，为什么会伴随着支付？或者说，电商出现时，支付为什么还出现了那么多场景？

其实很好回答这个问题，因为毕竟买东西要付钱本来是天经地义的，所以电商的出现，支付肯定也会出现。为什么支付出现后，还衍生出那么多场景？对于这个问题，就要好好思考一番了。

这绝不仅仅是支付让人的行为实现获得了效率最大化，也就是说，并非仅仅是支付让人在购买这个行为的实施过程中体验更好。因为支付的实现，在当前来说，其实就是人的行为部分地被转移到了线上（也就是形成了线上购买行为）。但是人类行为中的支付行为不全都是在线上进行的，部分消费者其支付还是要通过传统的线下方式进行解决。

人们传统的线下消费，都是一手交钱一手交货，行为是连贯的。当支付出现线上线下的分化，行为其实被打乱了。当这种购买行为被打乱时，消费者出现了行为不适应的状况（连贯性被打乱了），这就是体验不好，这种体验不好只是第一阶段，第二阶段本来是消费者要更新调试自己的行为，不断适应线上购买、线下付钱的行为，但是第二阶段因为支付工具在网上的强势推广，所以硬生生地没有成为主流（注意，是没有成为主流，而不是没有这种行为）。

为什么这么说呢？因为现在第二阶段还在被很多商家应用，例如一些商家的优惠活动，通过线上预约、扫码排队、支付的方式进行线上热闹场景的构建，但是实体门店还是存在的。实体门店永远不可能走向门可罗雀的地步，如果这样的话，会让很多不会网上预约、进行网上支付的消费者无法操作。于是商家搞出来一些补贴活动，例如凡是线下排队的人，都可线下支付，且送一些礼物，或者线下支付者皆打折。这样做的目的是营造一种门庭若市的感觉，显得人气十足。尽管线上购买和支付成为主流，但是因为人具有不同的行为，所以场景不同。第二阶段的支付场景被消灭了吗？显然没有。

这就是一个比较明显的例子。

因此，从这点而言，支付的出现，其实消灭了上述第二个阶段人的行为场景，而直接跳跃到线上购买且线上支付这个场景。但是第二个场景（线上购物、线下支付）被杀绝了吗？然而也没有。

场景变了，规则也变了，反之亦然。人的行为本身具有不统一性，也就是人的行为具有非常明显的不确定性，所以每一种因为商业行为构建起来的场景，都具有不同的特点。

人的行为具有非常明显的不确定性，为什么？因为人在做出行为时，并不会考虑某一种行为到底是什么，而只是考虑这种行为，即对自己而言，到底是什么——无论这样的考量是理性的还是感性的。

为什么选取商业场景来考察一种商业行为到底是适应市场的还是不适应市场的？因为商业的一个很重要的前提是成本——这个检验人的行为效率程度的重要衡量要素，其实考察的是人类行为的正确程度，或者考察的是在多大程度上，行为发生了错误。

企业家在构建商业场景时，其实对于某种阶段的消费者习惯培养，表现出来的耐心是不一样的。就像商家没有直接在上面所述的第一个阶段和第二个阶段浪费时间，而是直接跳跃到第三个阶段——线上购买并支付。这才是商家看中的，因为实施商业场景的主体企业背后的企业家们，考虑的是成本——有时候他也不会意识到他正在做的是第几个阶段的事情，商家有时也看不清楚、看不明白他所做的事情的本质，但是成本会帮助他们最大限度地进行正确决策，成本会告诉他们，即使是抄来的商业模式，是不是抄对了。

场景是人类行为的反映，传统的场景无非就是人际交往那么简单，但是因为商业的出现，场景变得越来越复杂了——基于成本因素的考量，让其中涉及人的行为的不确定性提高到了一个无以复加的程度，商业场景从而有了被随时改变、调整的可能。

对于商业场景的研究，其意义在于，能够让人的行为最大化地符合最终的合意的结果。尽管我们在平常的不掺杂商业的许多交往中——例如友谊（其实友谊也能用商业行为来解释，什么友谊是最好的）——所构建的场景较为固定，这只是因为友谊这种场景涉及少许的商业利益，所以场景固定的周期比较长，但是并不代表不变化。绝大多数甚至全部的商业场景则随时处于变化周期中，频率非常高，很大一个原因在于，处于商业场景中的所有人，行为变动的速率非常快。

分析商业场景，能够对当前的人的行为有较为清晰的认识；反过来，认识到人类行为的一些特点，则让人们能够更好地理解商业、理解市场，甚至理解国家的产业形态，这就是为什么要关注人和其行为（如前述，关注企业家们），并最终关注商业场景的意义所在。

关注商业场景，能够让人们对商业的一些本质有比较深刻的认识，但是关注人和其行为，则能够让人们较为深刻地了解商业场景的一些本质性的东西。基于人的行为角度，作为透视商业本质的一种视角，或将能够理解一些我们之前难以理解的东西，例如新零售行业的发展、一些社群类营销的做法、一些流量经济的成因、一些新商业模式的兴起，这即是本书的写作目的，也是本书试图在跳出传统研究商业的方面，努力进行的尝试。

编者
2020年10月

01

02

03

第4章

04 有关场景的几个问题　125

后记

第1章

了解场景的几个角度

01

本章内容主要围绕场景的基本概念，场景的不确定性和场景的周期性等 6 方面进行阐述，进而对于场景有一个比较宏观的认识。

1.1 场景的基本概念

如果说人是社会交往的动物，那么社会交往产生的一些具体表现方式或者行为方式的综合，就是场景。每个人相互之间结成的友谊，亲友之间或者商业伙伴因为业务关系进行的聚会，人类的沟通，为了一些目的进行的交往，乃至一些其他情绪化的表达，都是人类在社会交往过程中形成的种种特有现象。针对这些现象，人类往往会采用一些独特的方式，来凸显种种行为，以将某种现象与另外的现象区别开来——在很多种情况下，人类采用的这种"区别"，是无意识的，即在大部分的情况下，人类并没有意识到这种区别的存在。

例如，普遍存在于人类社会中的友谊行为，如果将友谊行为看成是一种人类社会中的现象，那么为了维持这种友谊，处于友谊圈中的人们，就会有意或者无意地进行一些维持这种友谊局面的行为，尽量避免这种关于友谊的现象或局面被打破。人们或采用礼尚往来的行为维持这种友谊，或采用相互走动的行为加深感情，也或采用有目的的赞赏行为来提升友谊的深度厚度，还有的人甚至采用放弃自己在非友谊圈中一贯坚持的正确观点，而在友谊圈中选择了退让，以获得更好的融入，因为在他看来，友谊的纯度比观点的正确性要重要得多。

再例如聚会行为，人们在聚会中，因为聚会的目的不同——有的是因为业务，有的是因为同学情谊，有的是因为纯粹地欲排遣情绪等——所以人们在这种局面或者情境中，表现出来的行为也是不同的。业务方面人们经常会说一些场面话，很多种情况下，所有的话术就是为了适应这种情境——或恭维赞赏，或谨言慎行，或暗暗较劲，或你来我往争得主动，或以守为攻以退为进，诸如此类。参加聚会的所有主体，在这种聚会的大前提下，表现出来的行为方式都是不一样的，但是主题却是一样的，那就是大家都知道彼此坐在一块的主题是聚会。为了适应这种主题，大家选择了适合自己的行为方式，而这些行为方式，都是他们自己认为对自身是适合的、重要的。

还有一类比较典型的、生活化的现象，对于说明场景的形成，是非常鲜活生动的。例如买菜，买菜几乎是每个人生活中都会发生的一种行为（也可以说是现象），针对这种行为，人们其实衍生出来很多其他行为，来匹配这种主要行为。

人们在买菜的过程中，要逛菜市场，要选菜，要谈价格，要包装，要和老板沟通，甚至在这个过程中还有争执，或者讨价还价。但是每一个消费者在进入到菜市场时，表现出来的行为是不一样的。因此，虽然是同一种买菜的行为，其实每个人针对这种行为凸显出来的其他行为都是不同的。

以上所说的多种行为方式，本质上是因为人们存在社会交往这种天然的特性，进而产生的一些具体表现方式。针对这些具体表现方式，就会形成一些特定的场景：为了维持友谊，产生的各种行为形成了友谊场景；为了聚会，产生的各种或好或坏的行为，就形成了聚会的场景；为了实现买菜的目的，产生的逛菜市场、选菜、讨价还价等所有的行为，综合起来，就产生了买菜的多种场景。

因此，所有的人类场景，都是人们为了某种目的，有意或者无意地通过各种行为，进而最终建立起来的。也就是说，场景就是人类行为中的生活片段记录。人类社会中的所有人，在社会生活中，可以说无时无刻不在进行这种活生生的片段展现。

所以场景的形成，始终要和人类的行为结合在一起进行探讨。

这些场景的形成，是基于自愿原则，也就是人类行为的诱因本质上是不安逸的，为了达到一种快乐的状态，人们要尽可能地消除这些不安逸。只有消除了这些不安逸，场景中的主体才会觉得比较快乐。

《人的行为》一书中也有这种说法："人的行为的诱因，总是某些不安逸，而它的目的总是尽可能地消除这些不安逸，也即是说，要使行为人觉得比较快乐[1]。"

如果将人类生活场景单单看成是一种无意义的人的行为的综合，这种观念是错误的，或者说至少是不确切不严谨的。场景的存在，一定是人们为了消除不快乐的状态，而通过人的多种行为去调试，进而最终产生出来的。因此，场景的存在，其前提一定是合理的[2]。

1.2 商业场景是场景有效性的最好凸显

场景和商业结合在一起，才是一种比较好的商业，或者说，才是一种健康的商业。从商业的起源来说，其起源于以物易物的交换

---

1 《人的行为》，路德维希·冯·米塞斯著，夏道平译，吴惠林校订，上海社会科学院出版社，2015年9月第1版，第17页。
2 场景的存在一定是合理的，不合理的场景其实在生活中也存在，例如暴力场景、欺诈场景和洗钱场景等，不合理的场景不在本书的阐述范围内。因为在接下来的论述中，场景要和商业结合起来阐述，以说明场景的商业应用才是场景的最重要的功能。不合理的场景，个人认为其和商业结合起来会产生不健康的商业市场，因此不在本书的阐述范围之列。

行为，这种交换行为后来发展成为以货币为媒介进行交换的行为，从而最终实现商品流通。

后来随着社会的发展，这种交换行为逐渐呈现出一定的规律化，或者说是标准化。随着市场经济的发展，行业分化变得越来越细化，人们的分工方式也越来越专业化、越来越复杂化，现代企业由此出现。

现代企业的出现，人与人之间的连接、人与企业之间的连接，甚至不同渠道之间或者顾客之间的连接逐渐频繁。传统的交换行为频次已经达到了一种很高的程度，尤其是随着信息时代的来临，这种交换行为几乎是无时无刻不在进行，高频的交换行为已经成为人类生活场景的一种常态。在这种情况下，基于交换行为产生的商业，就成为人类日常生活中的一种重要生态。

从这个逻辑上看，因为场景是由人的行为构成的，交换行为是人的行为中的一种，所以基于交换行为进而产生的商业，就能够和场景自然地结合在一起。

传统意义上，商业是因为"交换行为"产生的，这里的"交换行为"更多地指的是类似于以物易物的直接交换。随着时代不断前行，人们逐渐发现，人类社会的交往方式，交换是个一以贯之的主题，但是对于这个主题的凸显，并不一定是直接的。换句话说，虽然人类社会中人们存在各种各样的行为，这些行为尽管都可以用交换来解释，但是不一定都是通过直接的方式进行的。

　　人类的沟通行为和争执行为 [1]，甚至一些捐助性质的慈善行为，虽然都具有交换的意味——沟通是一种思想的交换，但是这种行为不一定是直接沟通，也有可能是间接沟通，例如旁敲侧击。争执行为在某种程度上也不是直接交换，例如甲方与乙方争执，本身也没有什么理由，不管乙方的观点如何，甲方与乙方争执的目的，只是对于甲方所早已认可的观点进行再次确认而已，即甲方并没有想通过与乙方争执，而从乙方那边交换什么。从间接的角度来看，双方或许通过争执，能够或多或少地被对方的观点或者状态所影响。因此，从这个角度而言，争执行为所蕴含的交换，可以看作间接交换。

　　再例如慈善行为，从表面上看，慈善的主动人并没有期望得到什么，人们只是看到了他慷慨地捐赠出自己的财产，并没有从表面上看到他直接想从受让人那边交换到什么。

　　因此，人类的所有行为或多或少都有交换的意味。交换产生了商业，又因为人类行为是建构场景的前提，所以场景就自然地能够和商业结合在一起。

1　这里的争执行为不包含暴力行为，因为暴力行为虽然含有一定的交换意味——本质上就是让一方屈服于另一方，无论是在观点上，还是获取财物上，通过使用暴力的形式来让交换双方一方喜欢而另一方不喜欢的东西——但是这种直接或者间接的交换，本质上是非自愿进行的。只要双方有一方非自愿，那么就不是本书中所提及的合理行为。那么，不是合理的交换行为产生的商业场景，就不是一种健康的商业场景。例如强买强卖也是一种交换行为产生的生意，该种交换行为产生的强买强卖生意，就不能称为健康的商业场景。

基于这个认识，看一下历来对于商业的定义[1]。

（1）商业是商品交换的发达形式（《中国商业百科全书》，经济管理出版社，1991 年 12 月版）。

（2）商业是"从事商品流通的国民经济管理部门"（《辞海》经济分册，1980 年 12 月版，第 391 页）。

（3）商业是专门组织商品流通的国民经济部门（《经济学辞典》，中国经济出版社，1990 年 8 月版，第 117 页）。

（4）商业是专门从事和媒介商品流通的独立的社会职能部门（《商品流通经济学》，吉林人民出版社，1987 年 11 月版，第 38 页）。

（5）商业是组织商品流通的一个经济部门（《社会主义商业经济学新编》，吉林人民出版社，1988 年 5 月版，第 22 页）。

（6）商业是专门从事交换的独立的经济事业（《社会主义商品经济学》，陕西教育出版社，1990 年 8 月版，第 9 页）。

以上对于商业的定义基本上集中在流通方面进行概括，这也是因为人们当时对于商业的认识程度还不够，简单地认为商业就是一

---

1 《商业的科学定义研究》，高觉民，商业论坛，1994 年 1 月 9 日。

个行业或者说仅仅是一种流通现象而已。不过在越接近 1992 年建立社会主义市场经济体制的这个阶段，各界人士对商业的理解，就逐渐变得较为明确。例如上面提及的 1990 年、1991 年的出版物中对商业的定义，出现了"交换"字眼，这有别于之前集中在对"流通"的重点关注上，这也是人们认识的进步。

随着市场经济的发展，交换行为越来越频繁，人们逐渐认识到交换行为是现代商业的本质。商业流通一般指的是基于货币为媒介的商品交换。原始社会基于物物交换的流通，其实不是现代意义上的商品交换，物物交换中的双方的物品，其实也不是商品。因此，在现代意义上，交换是一定包含流通在内的，但是流通不一定是交换（因为有以物易物的现象存在）。

随着商业不断向前发展，商品交换越来越频繁，大部分的行为都是通过货币作为媒介进行的，但是也不排除以物易物的方式存在。物物交换不是现代意义上的交换。因此，人的某些行为和商业结合，最终催生出来的商业场景是不包含物物交换的商业场景。

例如，人们通常用自家的一种物品换取另一户人家的另一种物品，这种情形在一些偏远的农村中仍存在。商家如果想用商业的思维方式切入这种场景，想开掘出一些商业化的市场，难度是很高的，基本上实现不了。这里面一个很大的原因就是因为以物易物的这种行为尽管是人的行为中的一部分，但它是流通，而不是现代意义上的以货币为媒介的交换——没有以货币为媒介的交换行为，基本上也不会产生现代商业，所以商业场景很难被建构起来。

商业场景的建立，是市场经济条件下的一种必然结果。

绝大多数人没有意识到自身每天的行为其实是和商业紧密结合在一起的，只不过需要认真分析一下。导致人们没有这样认识的原因如下。

第一，由于人们的行为实在是太过普通了，其每天贯穿在人们的日常行为中，以致于人们很难注意到，或者说并不会被人们有意识地注意到。

第二，由于人们认为自身的行为都是无功利性的，但是认为商业都是有功利性的，两者应该严格地区分开来。其实无功利性的行为在很大程度上和商业行为是没有严格界限的，只不过在某一时期，商业还没有契入其中，或者说契入的深度还不够。

第三，人们有时认为商业在一定条件之下是个贬义词。例如，人们有时常说某个非常古老的古镇被过度商业化了，或者说某个人充满了商业的铜臭味。其实这都是对于健康商业的误解。古镇过度商业化其实和健康的商业没有什么关系，健康的商业如果能够在古镇上进行商业化，那么这个古镇既能被保护下来，也能为更多消费者带来满足其对历史的追怀的需求。之所以人们认为有的古镇被过度商业化了，这样的认识即使正确，那么也意味着这个古镇目前采用的商业化方式并不健康。

　　人们口中所说的过度商业化，其实并不是商业化，而是在现代商业化的过程中，人们拥有的一种对并未具有真正商业内涵的一种商业的好坏评判。例如有的人认为，仿古建筑就是对古代历史的呈现，于是大家造了大量的仿古建筑。这种观点当然是错误的。对于古建筑的修旧如旧以及采用的多种保护措施，尽量呈现出来的历史情怀的建筑，才是真正的商业化所呈现出来的历史片段。在这种情况下吸引了大量的消费者，且提升了消费者保护古建筑等比较有内涵的诸多意识，这才是真正的商业化结构。如果我们真正地理解了什么叫作健康的商业化，那么人们口中所说的过度商业化，从这个角度而言，其实是一件好事。

　　很多人对"商业充满了铜臭味"等类似描述的理解也是存在偏颇的。认为商业就是和无限制、无规则、无下限地追求金钱联系在一起，其实这是一种极大的误解。健康商业的本质，是根据健康的市场规则，来对商业主体的贡献程度给予金钱作为反馈的回报，因为货币是人类发明出来的最伟大的东西，也是目前能够对商业主体的贡献程度进行回报的一种比较直接的依托媒介。所以健康的商业并非充满了所谓的铜臭味。

　　基于以上描述可知，因为人们对于商业的多种理解偏差或者理解错误，而对商业场景本身这个概念有所误解或者完全理解错误。如果对商业的各种错误认识能够纠正过来，那么对商业场景的认识就会准确一些。因此，本书中谈及的商业场景，是基于合理的人的行为构建起来的商业场景，至于不合理的人的行为构建起来的商业场景，不在本书论述之列。

当我们谈论场景的有效性时，其前提就是要满足健康的要求，这个所谓的"健康场景"，指的就是能够给场景中的主体（也就是人）带来益处的情景。

为什么说商业场景是场景有效性的最好凸显呢？本质上讲，商业是目前人类社会中一种最好的、能够给人带来最大化利益的行为模式。

所有的行为都会涉及交换，人们的所有行为，其实都是在选择一种更为适合自己的状态，并放弃另一种不适合的状态。一个人的一生中选择项很多，但是无论有多少种选择项，人们总是会选取最适合自己的那个选择项，同时也意味着会放弃另外的选择项。

行为人总是处于改善自己命运的处境之中，即使人们所说的什么都不做，其实这个"什么都不做"也是行为的一种方式。因为人们总是产生行为，所以最终的选择项一定是该人认为对他最有价值的选择。如果不是这样的话，也是这个人认为的最优的选择。人的行为不会被完全满足，因为完全满足意味着人的行为都会消失，但是这种情况是不可能实现的。

正是因为这样完全满足的情况不会实现，所以所有的情况都有被改善的可能。因为存在改善的可能，所以就有为了改善付出的成本，以及改善之后获得多少利润这样的衡量。人们的行为，从表面上看，似乎大部分是不存在任何意义的，行为只是生活的常态化表现而已。实际上，每个人之所以形成某种行为，一定是基于成本或者利润的考量，也就是说，这种考量有时候是有意的，有时候是无意的。最终的目的，就是人们为了达到他所认为的最有价值的目的，才会付出考量的行为[1]。

所以可以有这样的结论，人们的日常行为，其实在很大程度上是一种经济行为。因为行为是一种经济行为，所以和商业的结合就是一件顺理成章的事情，商业其实就是一种以经济思维处理行为的方式。另外，人的行为在很大程度上，也是一种交换行为，而交换本身也是一种以经济思维处理日常行为的方式。综合来看，商业和行为的结合，是一种必然的结果。加之行为又产生场景，所以商业和场景的结合，也是必然的。

前面说过，商业是目前人类社会中一种最好的、能够给人带来最大化利益的行为模式。因此，判断一种场景到底是不是有效的，也就是说，判断一种场景能否给人带来某些很大的益处，根本的判断点，是考虑能否将商业契入进去。

---

1 《人，经济与国家》，穆雷·N.罗斯巴德著，董子云、李松、杨震译，黄振国校订。浙江大学出版社，2015年6月第1版。

下面举个例子。

每个人在行为中，都有展示自己的欲望。人对名声有一种天然的追逐感，只不过有的表现得比较理性，有的则比较感性而已。随着互联网时代的到来，文字传播和图像传播技术让传播的范围变得更广，视频传播的出现，更是在很大程度上让很多想获得名声的人们有了非常立体与多元的传播渠道。随着参与人数的逐渐增多，市场上出现了"网红""流量红人"这样的词汇，据相关的调查报告显示，网红的吸金能力不可小觑。

也就是说，人的行为中包含对名声的追逐这样的行为。因此，想被大众熟知的人们，通过采用各种渠道进行自我展示、自我表达，从而形成了展示的场景。在这种情况下，商业通过切入这样的场景，从而让该场景有效——提供展示的平台获得了流量，"网红"获得了名声或者收入，企业也得到了利润。

商业的本质是交换，营销是完成这种交换的一种非常重要的手段，也是促成高效商业化的一种重要操作方式。无论是直接的展会营销还是间接的广告植入，乃至高端一点的精准定位，主要还是为了实现价值变现。随着大数据分析和场景化拓展等新模式、新思维的出现，营销的开展途径更加多元，一切因素都具有了可以被调动起来的潜在作用。

正是因为将商业考虑进去，为了完成这个"展示的场景"，所以营销就被运用到商业中。

为了更好地理解营销对于商业的重要作用，以说明这个"展示的场景"是有效的，还是以"网红"为例，来简单说明一下。

"网红"崛起于电商，"电商网红"是第一代"网红"，也是"网红"的鼻祖。

1999年阿里巴巴成立之后，电子商务发展迅速，众多小企业被纳入阿里巴巴电商平台上，大量的模特被附在产品上进行产品营销，导向还是以产品为主。后来逐渐向个性化的内容方向分化，例如一些网店具有的美妆达人推介、服装搭配、霸气聊天等特色化的内容，让购买群体出现关注分化，平民的价值消费水平，决定了他们一边算精细账，一边关注自己喜欢的产出内容较为特色的店铺，所以众多小额消费金额细流逐渐聚拢，经济效应才开始彰显，价值得到变现。

所以，在某种程度上，"网红"是涓涓细流"堆出来的"。涓涓细流包括价值和特色内容两种形式。单从价值方面而言，例如上面描述的，包括众多涓涓细流的小额消费金额和涓涓细流的特色化产出内容。

因此，"网红"诞生之初，是商业中运用营销带出来的产物，即"网红"和营销具有天然的连带属性，不可分割。

这也可以解释，为什么早期的一些"网红"，背后始终是有推手的，但是最后推手都变成资本主导了——那是因为前者关注个人营销，产品在其次（况且还不一定拥有有形产品）；后者更关注产品营销，个人只是作为价值变现的辅助。

第二代"网红"以人为主，但是变现渠道决定了"网红"的持久性。

其实除了特色化的内容输出决定了网红热度的可持续性，变现渠道的多寡也是非常重要的。

第一代"网红"的变现渠道是产品销售，这是最经典的价值变现方式。

第二代"网红"的变现渠道有以下几种：品牌代言、微博广告、走秀和电影、电视角色参演。

这其中有一个非常重要的特点，就是第二代"网红"价值变现的方式，基本上都是和在这些行业从业多年的专业从业人员抢饭碗，这种业余挑战专业的方式，从长远来看，成功的概率还是比较低的。

第三代"网红"出现了一些"野路子"，但最终的趋势还是回归主流。

移动互联网时代的"网红"，涵盖的范围更大，很多都具有知识驱动和资本驱动的持续内容的输出能力的。

持续内容输出不足时，就用资本来弥补，价值轰炸（无论是内容价值还是资本价值）非常密集，粉丝思考空间被挤压。因为资本驱动"意见领袖"的诞生，而"意见领袖"，本身就是内容价值的变现载体，资本驱动很好地让内容价值得到变现。

所以第三代"网红"，相对而言，产生就比较容易了，"网红"的定义也宽泛了：刘涛在《欢乐颂》发布会上的映客直播，吸引了71万粉丝；王宝强携正在拍摄中的《大闹天竺》做客斗鱼直播，在线人数突破了500万大关。这两人都不是为了成为"网红"而这样做的，而是不经意间做了一回"网红"。

尽管随着直播、虚拟现实技术的应用，出现了一些低俗的内容，但是指望这些情节来成为"网红"，已经不现实了。可以说这是"网红"的一种"野路子"。这样的行为造就的场景，是不合理的——这样的"野路子"基本上现在已经消失。

"网红"发展到第三个阶段，可以说最终的趋势还是回归主流，就是人们主流的生活途径。

那么对于未来的网红，会出现在哪个领域呢？有可能会是农村"网红"。

当前，"网红"的渠道逐渐下沉，例如微信上很多小视频，体现的内容很多都是新一代"网红"的奋斗展示。这些"网红"主角，很大一部分来自于农村，或者来自在城市中掘金的年轻人一代。

他们没有多少知识，从事的大多是体力劳动，价值变现渠道几乎除了工作之外都很狭窄。因此，他们采用搬砖、养殖和烹饪等方式，为关注者带来搞笑或者更为接地气的生活化的氛围，最终通过关注度实现价值变现。

农村"网红"或许不是未来资本市场的一个关注点，毕竟，基于底层的"网红"竞争内容，基本上同质化了，而且有些内容还很不健康。在内容同质化的前提下，资本的关注概率自然就低。

所谓的"网红"，其实是一种基于个人市场化价值的生态经济，也是一种社会现象的反映。社会的金字塔原理其实在网红领域并没有失效。"网红"的渠道虽然分散，虽然众多，但是汇聚价值的能力越来越窄。例如农村"网红"的大量出现，尽管较之传统时代，多了很多表达渠道，但是恰恰说明底层资源争夺激烈，当这个状况愈演愈烈时，渠道优势反而窄了。"野路子"的"网红"成名方式就出现了，但是伴随的是变现能力自然也就降低了。

回归主流，这也是我们在关注"网红"经济时，或许应该看到的趋势，但是关注底层"网红"的残酷生态，或许这也是看待"网红"的正确姿势。

但是无论如何，在目前的状况下，"网红"确实成为了一种商业模式。"网红"经济可以说是人的行为产生的一种展示场景，这种场景通过结合商业，然后得到变现。目前，很多平台上出现了众多直播内容，且这种方式带动销售的能力之强，让传统的零售商自愧不如，因此很多商家找到这些网红作为代言人，从而提升自己的销售能力。这种商业场景在目前状况下，已经呈现出非常强劲的吸金能力，导致很多已经成名已久的明星也纷纷在相关的展示平台（如快手和抖音上）开通了账号进行直播。

因此，这种基于人类行为中对于自身展示的意愿形成的场景，通过和商业的结合，从而形成了一种对平台、对个人都有益的共赢局面，故这种场景是有效的。

1.3 不确定性是场景最主要的特点

人的行为具有不确定性，人类自身有时很难精确地判断自己做出某种行为的前提，到底是基于什么理由或者心理。尽管我们当前处于大数据时代，有些人宣称通过海量的数据可以精确地将人的行为勾勒出来，还出现了对人进行所谓的"全息画像"。这些只是对于人在某些情况下某些行为较为精确的勾勒；或者这些较为精确地勾勒，也只是在一段时间内有效，超过了一定的时间，先前得出的结论就会失效。

虽然人类的行为都是有目的的，但是这种目的不会是永远不变的，人们会根据现实的情况随时调整自身的目的。因此，展现出来的行为就具有非常大的不确定性。

例如，有的人刚开始想写一篇基于某个主题的文章，但是在写作过程中，该作者是不断思考并根据思考组织语言的，这就往往导致该作者的想法和其原初的想法具有很大不同，甚至产生相反的观点。因此，其写作主题就会发生变化，导致需要重新调整思考行为，以达新的目的。

从另外的角度而言，人的行为也是有目的的，这个目的显然是和价值的选择有关。人们总是选择他们认为的价值能够达致最大化的目的，但是，价值都是主观的，每个人对于同样的标的物，评估出的价值有很大不同。价值的主观性其实是很难用货币的数量来衡量：一件在别人看来很不起眼的石头，可能在持有者眼中是无价之宝，给多少钱都不会出售。正是由于价值的主观性，导致不同的人其各自行为的目的是不同的，而且在不同的时间段或者处于不同的背景情况下，人们对于价值的评估，也是随时在变动的。这也导致目的也是随时变动的，进而使得人的行为也处在一个随时变动的环境中，人的行为中的不确定性由此产生了。

1921 年，Frank H.Knight 在其《风险、不确定性与利润》一书中对不确定性问题进行过详细的论述。他认为，第一，不确定性的研究对象就是人类的选择行为，有目的的行为才是不确定性理论所研究的对象。第二，影响选择行为不确定性的因素可以大体划分为两类：一类是行为主体对知识（或者信息）的掌握程度；另一类是行为主体的计算能力，或者称之为对不确定性的度量能力，具体而言就是选择行为主体对其选择行为导致的各种可能结果赋予概率分布的能力。

在现实的人类生活中，人类不可能是现实经济生活中的"经济理性人"。也就是说，"经济理性人"是不可能存在的，因为人不可能是全知全能的，不可能完全掌握选择行为所需的知识、信息，同时由于行为主体的计算能力有限，也不可能对不确定性进行精确的度量[1]。

因此，人的行为的不确定性，是一种非常合理的存在。故导致的场景也具有很大的不确定性。

人类的行为，都具有不确定性，只不过有的情况下不确定性多一点，有的情况下不确定性少一点而已。也许有人说，人们常常看到很多自律性极强的人，在某种习惯方面保持了一辈子。但是这个习惯的保持也只是在整个人生中综合行为的一小部分，整个行为框架依然是不确定性的。

一部按照科技法则制造的机器，实际上可以预料它将如何运作。

---

[1] 《从不确定性到模糊性：人类选择行为不确定性理论的演进及其展望》，高宇、侯小娜、孙曰瑶，山东行政学院学报，2012年2月。

但是一部机器的制造，只是一个较大计划的一部分，这个较大的计划，是把这部机器的产品供给消费者。关于机器制造的技术结果的确定程度，不管它怎样，不能消除全部行为所固有的不确定性。未来的需要和评值，人们对于环境变动的反应，未来的科学和技术知识，未来的一些政策，都不能正确地预言，至多只能说到某种程度的概率。每一行为都涉及一个未知的将来。在这个意义下，行为总归是危险的投机[1]。

从另外的角度而言，人们行为的不确定性，一个很重要的原因是因为人们获取的了解世界的知识是极其有限的，并且受制于每个人的教育背景、生活背景和行为方式习惯，种种原因导致每个人的行为具有非常大的主观性。人们总是试图从某些纷繁复杂的现象中，通过运用统计学或者自然、物理科学的手段，总结出一些规律性的东西。整体上，这种规律也只是适用于一个片段的状况，对于整体性的认识，作用或许没有我们想象的那么重要。

人们对人类行为的理解，永远只能限于人们能够获知的最终的决定因素。不能指望用武力事实来取代它们，承认这个事实，对于所有致力于理解和解释人类行为的学科来说至关重要。这意味着，自然科学为了用从物理学角度对世界的描述取代从感觉或现象角度对它的描述这一特定目的而提出的方法，在对可理解的人类行为的

---

1 《人的行为》，路德维希·冯·米塞斯著，夏道平译，吴惠林校订，上海社会科学院出版社 2015 年 9 月第 1 版，第 104 页。

研究中是毫无意义的 [1]。

基于以上论述，场景肯定也是不确定的。

以前段时间火爆一时的无人经济来说明一下。在说明之前，我们先对无人经济做一个大致的了解。

2017 年，无人经济几乎成为商业市场上一个最为火爆的商业模式，在 Amazon Go 线下超市推出半年以后，以国内的无人便利店为代表的新商业模式，正在迎来集体的爆发期。

资本市场是推动无人经济走向火爆的一个重要推手：2017 年 7 月 1 日，F5 未来商店完成 3000 万元 A+ 轮融资；2017 年 7 月 3 日，缤果盒子宣布完成超过 1 亿元的 A 轮融资；2017 年 7 月 7 日，"城家公寓"宣布完成 5000 万美元的 A 轮融资；2017 年 9 月 12 日，EasyGo 获 2000 万元天使轮融资。

其实在这轮资本狂欢中，不乏冒失跟进、莽撞进入的投资，这其实在投资领域也是一种常态，资本的逐利性难免会产生这种莽撞的行为。鉴于之前共享等商业模式方面的资本大战所产生的一些问题，对于无人经济这个当前所谓的风口而言，人们或许能够借鉴一下之前的诸如共享经济这样的模式，理性考量当前无人经济存

---

1 《哈耶克评传》，布鲁斯·考德威尔著，商务印书馆，2007 年 6 月第 1 版，第 330 页。

在的一些问题，或许这样，才是考察无人经济的一个比较理性的方式。

1. 无人经济，其实一直存在于人们身边

无人经济其实不是一个新鲜的事物，从某种程度上而言，它一直存在于人们周围。暂不说古代诚信经营的例子，即使在现代，这样的例子也屡见不鲜。

例一：广西壮族自治区南宁市伶俐镇街头的"无人报摊"从2013年4月开办以来，平均每天售出报纸100多份，近3年来已售出10多万份报纸，极少有丢失的情况。

例二：广西壮族自治区柳州市融安县大将镇东潭村大潭屯有一家诚信柚子店。店里无人看管，没有监控，甚至柚子也没有明码标价，由顾客根据自己的意愿付款。

例三：在广西壮族自治区玉林市容县十里乡江口村的一个菜市场中，摊位无人看守，顾客自助挑选、自觉付钱，长期以来，几乎成了当地人的一个习惯。

例四：2015年，无人成人用品自助服务小店像雨后春笋一样涌现出来，在浙江省的一些地方，出现了很多成人用品无人售卖的小店，消费者进店选择成人用品之后，留钱走人。店主只在有空时，

进店查看货物缺漏情况，补足货物即可。这种无人售卖小店很少发生只拿货物不留钱的情况。

以上案例说明，其实无人经济这种形式，一直存在于我们身边，只不过没有像今天一样，由于各家媒体的宣传和投资的热潮涌动，才引起人们的关注。因此，无人经济可以说是人们生活中，尤其是在商业中，是一种早已存在的形式。

2016 年 12 月，Amazon 在美国西雅图第七大道推出第一家无人超市 Amazon Go。之后，以无人零售为代表的各种无人经济模式成为当前最火的经济模式。各路资本也在 2017 年上半年搅动市场，无人经济的各种模式，也就是在这半年内，得到资本的充足给养。我们可将 2017 年看成是无人经济的发展元年。当观察经过资本输血的无人经济的特点时，有必要将 2017 年之前的无人经济特点进行分析，进观观察传统的无人经济所表现出的一些特点。

那么在此之前的无人经济，表现出什么样的特点呢？

（1）小区域化。2016 年之前的无人经济基本上集中在县一级，更多的是集中在村一级，乡村的熟人经济提高了违反无人零售默认的诚信规则的成本。在这种成本制约下，使得这种无人售卖的方式以无人货摊、无人菜市场、无人报摊的具体模式，在县、乡镇、村一级存在。

（2）商品成本低。很多无人货摊商品成本都比较低，例如上面案例中提到的报摊、蔬菜。即使出现了拿货不给钱的情况，只要数量不大，对于走量的出售者来说，这个损失也不算太大，或者这个损失也可以通过大量出货得到弥补。

（3）方式新鲜。无人货摊这种方式是比较新鲜的，能在一段时间内受到消费者的关注。基于这种新鲜感，消费者在体验时，基于周围体验者的关注度高，一般不会公然违反这种规则。另外，消费者在进行先期体验时，也不会马上做出违反这种规则的举动。因为新事物的出现，消费者并不知道因其一时冲动违反这种规则可能会给他自身带来什么样的成本，所以刚开始时，大家还是遵守无人售卖的规则：拿货、留钱、走人。

（4）流程简单。传统的无人货摊这种形式，购买流程非常简单，基本上分为"选货、拿货、留钱、走人"这几个过程，对于体验的要求不是很高（毕竟是货摊的形式）。稍微复杂一点的，就是找零钱，这需要顾客自备零钱。

因此，当我们考察 2017 年之前的无人经济时，更多地看到的是消费者对于无人经济附着的诚信规则的遵守。其实在很大程度上，之所以这种无人经济能够在一些地方生根发芽，有的甚至延续了几百年，主要原因还是因为上面 4 个重要特点导致的。

也就是说，一旦无人经济的区域放大，或者商品的价值高一些

（例如金饰品、一些便携的日用品或者一些电子产品），或者无人经营的周期再长一些，那么这种无人经济就极有可能崩塌，对于新规则的遵守可能马上就会被破坏掉。

市面上其实已经有了很多这样的报道。

例一：重庆洋人街里设有几个无人守候的诚信摊，游人可投一元自取矿泉水，全靠自觉。某日，一位网友却看到，一辆私家车上的乘客趁着堵车，从诚信摊上抱走 5 瓶矿泉水却没付钱。

例二：某网友在微博反映：一个售货摊被盗，摊主气愤地贴出了一张题为《大三学姐的战斗鸡你也敢偷！》的"谴责书"。原来，一位路人只留下 5 角，就拿走了她一只价值 10 元的玩具。

例三：在长春市，一位年轻男子在天地十二坊一家成人用品无人售货店盗窃，在打砸自动售货机器一番后未能将钱财盗走，转而将两个柜门内的"充气娃娃"和一套空姐制服盗走。

从上面的例子可以看出，无人经济的蓬勃发展，需要诚信规则的建立，而这种诚信规则的遵守，绝不仅仅是因为道德自律，还需要好的体验——流程越简单，体验达到极致的概率就越高。无人经济的建立，需要完善的流程。传统无人经济为什么能够发展起来，就是因为流程非常完善，当然这和流程简单有关。当前在城市中的无人经济模式还没有达到这种完善的程度，很大一个原因就是因为流程要求非常高；另外还有就是流程非常复杂，难以达到体验要求。

2. 当前火爆市场的无人经济，是对传统无人经济痛点的有效尝试。

2017 年，无人经济火爆市场，对所谓的黑科技的运用，让无人经济能够在更大的区域、更多的商品种类和更高的商品价值方面得到扩展。人像识别、商品识别、自助支付、大数据分析、IoT（物联网）、区块链等集成的"黑科技"系统，让无人经济的发展一日千里。也就是说，从消费者进店选择商品，到支付完成出店这样一个全流程的购物体验，背后的基础设施都是运用技术来进行支撑的。以至于很多媒体在形容无人消费的时候，都用了"炫酷"这样的词汇来描述整个消费流程。

其实，对于较为简单流程而言，这种体验是完全可以用技术实现的，例如上面提到的传统无人货摊这种形式。但是对于复杂的体验而言，技术的运用，就要通过不断的技术升级和技术优化来实现，这样的过程才是一个复杂的过程。

对于简单的流程来说，技术作为无人经济的基础支撑，其实已经非常完善了。也就是说，简单的流程体验，所涉及的技术，已经足够支撑消费者一般的购物体验。例如，据 Amazon 官网介绍，Amazon Go 采用的计算机视觉技术、传感器、图像分析和深度学习技术，和其开发无人驾驶汽车一样。在应用于无人零售店时，只需针对性进行开发和优化，增加的研发成本相对较低。

简单的流程，例如直接拿货、支付、走人，只需要备货，扫描二维码付款就可以了，流程简单，涉及的技术也不复杂。传统时代的无人经济基本上和这个差不多，只不过没有什么技术含量（例如直接零钱现金交易，不需要支付科技等）。简单的流程导致体验相对简单。

对于复杂的体验而言，无人经济还有很长的路要走。例如，从顾客的角度而言，顾客要实现选货、买货、物流、退货、代收、换货、商品性能知晓等，都需要强大的技术进行支撑。从防盗角度而言，要进行监控，毕竟区域扩大了，人们处于一个陌生的彼此不相识的环境中，偷盗带来的成本较低，小区域的诚信成本的约束规则就不存在了。从商品的保存方面而言，要实现环境的监测。对于顾客的消费习惯的感知，例如消费者的眼光停留、选货路径、选货时的面部表情等，都需要进行数据分析，以达到精准营销的目的。也就是说，只有将所有的黑科技进行组合、优化、迭代、升级，产生出一套适合公司特色的无人售卖智能系统，才能更好地将顾客的消费体验推到一个好一点的状态。还需要考虑的是，顾客的个性化以及消费行为中存在的不确定性。只有这些问题解决了，无人经济或许才会走出一条比较宽广的道路。

现代无人经济，本质上是将传统无人经济的范围扩大了，无论是地域、消费的流程，还是带来的对于消费者的消费体验，都得到了扩大、延长和提升。现代无人经济不仅解决了传统无人经济的痛点，而且还向无人经济的全产业进行资源整合的方向迈出一大步。

3. 当前的无人经济，基本上还处于拆解传统产业链条环节的阶段

当前市场上的无人经济，在很大程度上是在拆解传统。所谓的拆解传统，就是将传统的产业链条中的某个环节独立出来，通过技术的配备，进行无人化。例如菜市场，按照一般的逻辑，传统的菜市场中的商品品类包含蔬菜、果品、日常生活用具、肉类等，每一种专门经营某个品类的摊位，都有自己独特的一种操作方式，来管理自己的摊位，并且提供相应的服务。

例如一个消费者要到肉摊买肉，需要买什么肉，是肋骨、猪腿肉还是摊主事先处理好的猪排，都可以经过当面交流，由摊主当面进行切割等一系列的操作，然后顾客支付拿货离开。但是在无人商店中，除非肉类的各种品类（肋排、猪腿肉、猪排等）和标准（例如猪排的大小、形状，肋排切割的块状大小）已经非常齐全了，否则很难满足顾客的个性化要求。在传统的菜市场中，顾客的个性化要求都可以和摊主通过非常高效和直接的交流予以满足。

为了满足这一需求，无人商店就要考虑通过技术的方式，来满足顾客的个性化选择。例如事先通过摆置全品类的猪排让顾客选择，这一点很难做到，毕竟客户的个性化选择是一个非标准的东西。还

有一种是通过技术的手段，例如通过监控的方式来长期分析客户的消费习惯，通过进行大数据分析，进而有针对性地摆置顾客可能要选择的肉类品类。这一点也不能全部满足消费者个性化的需求，因为基于大数据的分析只能是提高精确定位顾客选择性习惯的可能性，而不能完全保证消费者的行为带来的不确定性。还有一种是用人工智能，例如使用机器人来代替摊主，但是这种做法一来增加成本（传统零售时代，雇佣服务员的成本是非常低的），二来机器人也不能完全替代摊主，也就不能有效满足顾客个性化的消费需求。

再例如，消费者到菜市场买生鲜产品，传统的菜市场，生鲜摊主会提供生鲜处理服务，但是在当前的无人店铺中，这种服务基本上很难满足。

因此，在当前的无人零售店中，放置的都是一些休闲零食、饮料、日用品等易于保存的商品。也就是说，全品类的商品覆盖还远远没有做到。这也是当前无人零售一个比较大的痛点。

如果将传统的菜市场看成是一个全产业链条，里面的服务其实已经非常完善了。当前的无人零售店，选取的都是传统菜市场全品类商品中的部分商品进行售卖，提供的服务也都是部分服务，例如商品展示、支付、部分的处理服务，对于复杂的服务，现在的技术手段还难以跟上。因此，当下无人经济的发展，也可以说将目光注目于传统全产业链，通过把传统产业链中可以无人化的环节拆解出来，进而投入科技力量予以完善，最终尽量做到提升体验。

例如，对于支付这一环节，采用扫码付、闪付、刷脸付等方式，尽量将支付做到极致；对于商品配货，采用感知技术，尽量能够及时配货。这也是为什么很多人感觉到无人经济时代，科技是如此"炫酷"。很大一个原因在于，当无人经济覆盖不了全产业链时，通过对产业链某个环节的技术赋能，来最大可能地提升某个环节的极致体验，以此带来流量——这也是当下无人经济不得不进行的一项工作——这是一种必然，或许也是一种无奈。

4. 以无人零售为代表的无人经济商业模式，是纯线上社群经济在线下的拓展

如果说共享经济是商业对于最后一千米的尝试，那么，无人经济可以说是对于商业最后一米的尝试。与人的距离越近，体验等要求就越高。

零售作为与人们生活最为紧密的行业，无人零售的兴起，当然是顺其自然的事情。当前，无人零售店中的视觉设备及处理系统、动态 WiFi 追踪、遍布店内的传感器还有客流分析等技术系统，对于精准定位人群消费路径、精准分析消费者的消费行为、提供消费者的消费行为报告，都提供了技术方面的基础支撑。可以说，商家为了更好地进行营销，最终更好地提升消费者在最后一米的体验度，不得不采用技术这种"黑科技"来进行背后基础设施的搭建。

以上零售行业的"黑科技"的应用，还有一个比较重要的特点，

就是零售行业在某种程度上是一种社群经济。社群涉及的社交，会产生大量的数据，这些都可以用来定位消费者的行为。

人的行为在任何情况下，都会产生基于情感的判断。也就是说，当消费者在进行某一项事情时，会产生一种基于情感方面的主观评价。《心灵的未来》一书中曾经有过这样的描述："人工智能研究者开始认识到情感可能是人类意识的关键。像安东尼奥·达马西奥博士这样的神经科学家发现，（大脑的）前额叶（负责理性思维）与情感中枢（例如边缘系统）的连接发生损坏时，病人就不能进行价值判断。即使进行最简单的决策（买什么东西，什么时候约会，用什么颜色的笔），他们都会陷入迷茫，因为每件事对他们来说都具有相同的价值。因此，情感并不是什么无关紧要的奢侈品，它有着绝对的重要性，没有情感，机器人就无法确定什么是重要的和什么不是重要的。所以，情感现在不再居于人工智能研究的边缘，而是占据了中心地位。"

社群是一种最容易产生情感的一种交往方式，不同的社群具有不同的交往规则，有基本上相同的交往意识，成员之间有一种一致的行为规范和比较持续的互动关系，最终产生一种一致的行动能力。例如各种各样的社交 App（很多 App 可以看作是一种社交大平台，然后在 App 中分类，进而根据一些更加细化的规则，设置出更多的小平台。例如微信是一个社交大平台，但是根据不同的目的规则，里面还可以设置出很多基于不同目的的群）。

社群经济比较具有代表性的是吴晓波频道、逻辑思维。这些社群通过共同的价值观凝聚在一起，凝聚的前提是输出产品，这些产品就是各种内容，例如认知方面的内容。社群经济能发展起来，很大一个原因就是通过一些数据分析，来凝聚粉丝，生产定向内容（产品）。无人零售运用了那么多的科技，很重要的一个原因，就是因为基于共同价值观（或者情感）的购买行为，需要用众多的先进技术来量化、来体现，因为所生产的内容标的是实体产品，所以更需要技术的东西衔接首尾（价值观或情感是首，购买产品是尾）。因此，零售行业的黑科技运用，要顾及两方面，这和网上单纯地生产虚拟内容的社群经济是不同的。

从这点来说，零售经济就是一种社群经济。

（1）零售是离人们日常生活最近的行业，关系每个人的吃喝拉撒，与人的连接最紧密。

（2）零售店代替了原来传统的小卖铺，但是却具有将原来小卖铺与社区进行连接的功能。

（3）人们在零售环境中产生的行为，是人的行为最好、最真实的一种体现。

因此，零售既有互动，又有产品。通过众多"黑科技"的应用，不仅能够通过数据的大量分析，定位消费者的购买行为，还可以用

来分析这些购买行为背后隐匿着的情感。这些特点，都是社群经济
的一种较为直接的反映。

因此，以无人零售为代表的无人经济商业模式，是纯线上社群
经济在线下的拓展，是社群经济的一种线下变体。

5. 现在谈论无人经济将会导致大量失业，本身是一个伪命题

当前市场上出现了很多这样思考的文章：认为无人经济的出现
将使大量原先依附于传统行业且被无人经济革新的行业工人失业，
也确实有很多数据说明了这种趋势。例如牛津大学的研究人员发表
了一篇报告，报告说美国大约 47% 的工作因为机器认知技术自动
化而变得岌岌可危。还有的报道也显示出人们对于机器人代替人工
的担心。例如，2013 年 12 月 22 日，浙江省民营企业发展联合会
和中国机器人产业联盟签署了《机器人产业应用合作协议》，计划
在 5 年内实施"机器换人 555 推进计划"，力争到 2017 年全省万
元工业增加值从业人员数比 2013 年下降 50%，相当于减少劳动用
工 20 万人以上。

我们也听到了很多来自于机器人代替人工的实例报道，仅仅在
2015 年，很多关于机器人的新闻就搅动了人们的神经：腾讯推出
了写稿子的机器人，可以在一分钟内就完成一篇稿件；德国发明了
砌墙机，一天就可以盖一栋楼房；德国自动化屠宰场，一条屠宰线

每小时屠宰 6000 只鸡。至于机器人服务员提供的用餐服务，更是吸引了人们的眼球。

因为当前无人经济的基础设施是技术，所以很多人认为人工智能技术的发展，让很多人有了失业的可能。但是当前的无人经济还停留在对传统产业链某个环节的改造阶段（可以称之为无人经济发展的初级阶段），对于传统产业全链条式的全部无人化改造，其结果是否会实现，还是有待商榷的。毕竟这个全产业链条式的全部改造是否必要这是一个问题，而且机器本身不具有人的行为的不确定性，有些工作需要人员参与才能完成。所以在这个初级阶段就开始谈论无人经济让大量人员下岗问题，或许是不具有逻辑性的。

另外，市场上很少有专门的研究，量化地说明当机器人应用到某个行业时，那些被替代的人员，在离开传统的工作岗位之后，到底选择了怎样的岗位？或者到底通过什么样的自身机制和市场机制，让他们最终走上了被替换之后的、现在的工作岗位，这个流程（或者说是心路历程）到底是怎样的？在这些研究还没有充分完善时，现在就说机器人要代替传统的人工工作，这个论断是不适宜的。

况且，一些工作注定要被代替时，一定会有一种机制，将这些传统的东西或多或少地保存下来，传统产业中的从业人员也会在某种程度上得到"安置"——当然这个安置是指重新适用在新的或新创造出来的岗位上。例如，社会上曾经存在一些补碗、剪纸、绣、手工酿酒等传统的技艺，当被工业化替代之后，掌握这些技艺的人员，就成为非物质文化的传承人。非物质文化遗产的设置，就是社会机制对于这些失业人员的一种配置。

因此，当我们考察机器人能够代替传统工作时，有必要秉承这样一种观念：一定会有因为产业转移而带来的对于新工作岗位的创造过程的出现。产业岗位代替的过程，一定是一个产业结构重塑的过程，或者是一个新产业崛起的过程，而非仅仅是一个代替或者不代替的非此即彼的过程。

况且，产业转移的过程，不一定非得用经济效益来考量。

因此，现在谈论无人经济将导致大量人员失业，是一个伪命题——尽管机器导致失业现在还没有大规模出现。

无人经济是当下一个比较热门的话题，其实从本质上讲，这种经济模式和之前的 O2O 模式、共享经济、社群经济，都处于一个逻辑层面上，我们应该以平常心去看待。资本狂炒是一个非常正常的现象，之前的很多经济模式都出现过资本狂炒的现象——这或许也是资本的一种理性现象。我们应该以更为理性的眼光，去看待这种经济模式，进而为我们理性审视一些商业模式，提供一个比较好的视角[1]。

---

1 《审视无人经济：其自身存在的逻辑、行为和观察视角》，陈虎东，搜狐网，2018 年
   1 月 16 日。

从上面的描述中可知，路边摊的无人零售形式是一种基于人类生活行为的场景建立起来的商业场景。这种场景有如下一些主要特点。

第一，当地人的生活圈子较为狭窄，如果发生了偷窃行为，那么被知晓的可能性极大，偷盗者名誉损失的成本非常高。在一般的小村庄中，人们对于名誉比较在乎，或者说是极为重视的。

第二，传统的无人零售摊所摆置的待出售商品也都是一些不值钱的小商品，基本上也就是些日用百货和当地的蔬菜之类，没有人甘愿冒着名誉损失的巨大成本去进行偷盗。

第三，当地民风淳朴，一些诚信经营、重视个人声誉维护的传统习俗保持得比较好，大家对于非诚信经营都持鄙视态度。

因此，鉴于以上三个特点，无人路边摊的商业场景，千百年来是比较固定的，只要上面三个特点没有什么变化，无人路边摊的商业场景将会一直存在下去。

但是当以上三个特点发生改变时，无人路边摊的商业场景就会发生变化。

例如，当将这种场景复制到城市中时，这样的场景就发生了改变，偷盗不但发生，而且发生的频率还比较高。原先在那种小城镇、小村庄形成的无人零售场景，就发生了质的变化。因为随着经营范围的扩大，面向的消费者绝大多数已经不是之前那些小村庄、小城镇中生活的人群了，消费人群覆盖范围的扩大，行为方式当然呈现出很强的多样性。因此，无人零售的场景就发生了重大变化。

随着技术的进步，以及随着人们对于新鲜事物的好奇程度进一步被各种商业形式所提升，传统的无人零售作为一种基于人的行为建立起来的场景，逐渐被现代的商业经营者所看重。他们逐渐意识到，通过将技术运用到这种场景中，能够很好地满足人们对于新鲜事物的好奇，毕竟当前的技术也能够支撑零售行业的多样性，进而为零售行业赋能。

那么基于这种思路，当前的无人零售模式在这种情况下，就应运而生了。通过应用一些"黑科技"，对消费者进行全息画像，以获取消费行为的一些规律性的东西，最终做好事前准备工作。而且，购买行为中一个极其重要的环节，也就是支付，现在已经发展得很完善了。另外，将店铺装修得更为新潮一些，以在感觉上让顾客感到舒服，尽量让消费者获得一种较为享受的体验，这种环境的布置也成为无人零售的一个重要方面。

当传统的无人路边摊向更大的范围进行延伸时，商业场景就会发生变化，原先场景的有效性就会被打破。

例如在体验方面，传统的无人路边摊基本上没有体验，"提货、

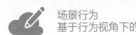
拿钱、走人",但是随着无人零售向一、二线城市扩展,或者向不同的商品种类扩展,"提货、拿钱、走人"流程上还是一样的,中间的体验也会不一样。新的场景要考虑的,不仅仅是希望追踪到消费者拟需求哪种货物、哪种支付工具用得多一些、监控如何做,还要考虑整个流程中包含的一些较为复杂的程序如何衔接得更有效,以最终将消费者的体验度提升得更高一些。

当无人零售的受众面范围很广时,人的行为所体现出来的复杂性超过了在小范围内人的行为的复杂程度。也就是说,一个人体现出来的行为和一群人体现出来的行为具有天壤之别。因此,无人路边摊被应用到大城市中时,场景就会变得复杂多变起来。

当无人经济成为一、二线城市中一种较为普遍的商业模式时,这种商业场景会向更加深度的方向拓展,这是由人的行为中的好奇、对便捷性的要求等诸多不确定因素导致的。

在很大程度上,新的、具有创新性的或者说具有颠覆性的商业场景是很难被开掘出来的,在新兴的商业场景还没有被开掘出来的情况下,传统的产业链各个环节的商业改造,往往是新商业场景诞生的第一步,或者说是有效入口。

例如,消费者到货摊买东西,要求摊主进行个性化的服务(猪肉切割),这说明这种行为一直是存在的,只不过体现在了商业场景上。那么,当无人经济出现时,对于这种一直存在的商业场景,就要进行"再造"方面的考虑。因为代表无人经济的无人零售店很难满足这样的要求。所以也只能是大致地划分出来客户的日常基本需求,对于个性化的需求,则比较难以满足。如果基于消费者购买行为的个性化需求都能够予以满足的话,新的商业场景的诞生就变得顺理成章了。

为什么会产生这样的现象呢?因为人的行为中,对于已有的行为天然地存在固执。当人们形成一种固定的行为范式时,其首先做的决定是遵守,而不是转换。或者说,当人们面对改变时,第一行为首先想到的是抵触,或者重点关注的是是否会失去某些东西,而不是从中能够得到什么东西。因为失去的东西是有形的,而在绝大多数情况下,得到的东西是难以设想到的。绝大多数的人,并不会为未来的无形的东西而主动愿意放弃现有的有形的拥有。不过,当不得不进行改变时,绝大多数的人,也是被动地接受这种变化,并最终习惯这种行为。

因此,在很多情况下,商业场景的诞生都是从传统的模式中裂变出来的。这种一点一点的缓慢推进的过程,能够恰好契合人类对于未来新奇、便捷性追求的一种渴望,随着时间周期的拉长,人类才逐渐地接受新的场景。这个过程中,可以称之为商业场景的诞生过程。诞生往往就是不断试错,然后经过累积之后发生的质变。人类行为中对于这个过程的了解,伴随着怀疑、渴望、接受、放弃等诸多行为,多种情绪交叉,所以这个过程就显得非常不确定,商业场景也因为人的行为中诸多不确定而充满了不确定。

1.4 个体的行为特征与群体的行为特征

人的行为具有不确定性，因此场景也具有不确定性。因为人的行为构建起了场景，所以逻辑上，场景所具有的特点，与人的行为特点具有一定程度的联系。一个人的行为特点与一群人体现出来的特点，还是很不一样的。这有点类似于凯文·凯利所说的，一只蜜蜂是一种生物，一群蜜蜂绝对是另外一种生物。因此，逻辑上，群体与个体的特点还是存在差异的。那么群体性的场景与个体性的场景肯定存在不同[1]。无论如何，毕竟人的群体都是由多个个体构成的，群体的特点不会完全没有个体的影子，这是毋庸置疑的。

正是因为个体与群体表现出来的特点存在不一致，所以，在研究商业场景时，群体形成的商业场景就和个体形成的商业场景存在不一致的特点。

产业政策就是这样的例子。产业政策其实是一种目标性非常强的政策举动，它是先确定目标，然后对实操过程进行相应操作（指导）的一种目标导向方式。从这点而言，这是一种群体性的行为。梳理

1　需要说明的是，"群体性的场景"和"个体性的场景"是针对商业自由度而言的。如果商业的自由度越高，则群体参与的可能性越高，那么由此契入的商业场景就会表现出来一定的特点；反之，群体参与的可能性就越低，甚至会出现只针对某个个体参与的商业场景。例如，有的游戏针对愿意花钱的某个玩家单独进行了陪练等；再例如有的银行卡收单机构，对于其平台上的商户采取了很严格准入审核措施，那么在这种情况下，要么商户入驻的少，要么就有可能采用造假的方式入驻该平台，导致最终的入驻数量是不一致的，在这种情况下，商业场景就会变得不一样。本文采用的"群体"和"个体"都是相对数量，并不一定认为"个体"仅仅就是单个。

历年来关于自由主义的学术脉络，可以发现自由主义就比较偏重于个人主义。也就是说，个体的自由发展是自由主义追求的核心。国家的政治生活、经济生活和社会生活都应该以维护个人自由为目的，无论任何形式，都不能剥夺个人的自由、生命或者是财产权。

从历史上学术争鸣的角度而言，自由主义者认为集体主义是盲动的，产业政策是集体主义的一种极具代表性的政策形式，是一种干预主义。集体主义者认为自由主义是有缺陷的，是不完整的，认为自由主义者充满了非理性。就产业政策严密的理性推进构成而言，自由主义者的非理性将导致灾难，任何目的都是不可能达成的。

2016年秋，林毅夫教授和张维迎教授之争，体现了两位经济学家对政府和企业家在经济的发展过程中所扮演角色的认知差异。

在经济学的发展史上，有很多次关于自由主义与集体主义的争论。当然，这些争论的主旨有时涉及的内容点是非常细化的，日后的产业政策其实也属于这些争论当中涉及的具体内容。

例如格尔和古斯塔夫·施莫勒在19世纪后半期进行的关于经济学方法论的论争，其中涉及的经济动机自私性的内容；哈耶克和凯恩斯在20世纪20年代末30代初进行的围绕货币、经济周期和资本理论进行的争论，其中涉及的一个很重要的争论焦点则是政府是否应该干预经济；还有20世纪20~40年代，哈耶克、米塞斯与兰格等人之间的关于社会主义经济有效运行的争论。

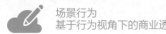
可以说，这些争论的主要分界是有意识地干涉、指导与自由化的经济发展模式，哪一个能更好地促进经济的发展和社会进步。在这次争论的过程中，涉及政府的作用、人的行为、知识的分散性、市场均衡和成本核算等一系列内容。估计这样的争论还会一直进行下去，因为只要是经济的盛衰周期存在，导致的认知差异就会存在，争论难免会一直持续下去。

在很大程度上，干预的进行，是一种无意识的行为和有意识的驱动共同作用的结果。

产业政策也是其中一个比较重要的方面，这也是林毅夫和张维迎两位教授争论的焦点。

政府制定产业政策来推动某一产业发展，前提是政府应该具备完全理性的态度和严密精准的保障制度设计，并能严格确保所制定的产业政策在实行的过程中不发生利益寻租。只有这样，产业政策发展才能有效展开，并能取得完美的结果。这里面牵涉几个很重要的问题：如何保证产业政策制定者的自利行为不在产业政策的制定过程中和实施过程中发生影响？如何保证产业政策的制定者能够比市场从业者更懂得产业的进行及发展方向？直面市场的企业家在绝大多数情况下，尚不能对未来的产业发展进行明确判断，那么产业政策的制定者如何做到精准评估？产业政策的经济能进行核算吗？等等。这些问题其实已经在历次的争论中都有涉及。

例如单单以自利行为而言，施莫勒认为"在其位而谋其政的人，伟大的政治家和改革家，眼光远大的政党首领和立法者，在这里（国家——作者注）能够成就不同凡响的事业，不是直接完成，不是一蹴而就，而是通过明智而公正地改造经济制度"。可以看出来，施莫勒认为的制定政策的人，可以说是一个集中了才华、正直、明智、公正和责任等众多优点的全优人士，制定出来的政策也必将是百密无疏的。这些人在实施政策时也必定不会发生任何自利行为，所以经济目标必将向巨大的成功方向迈进，并最终取得丰硕成果。

人类的理性其实是不应该被高估的，没有任何人能够保证人的行为最终能够朝向完全理性的状态发展，不发生任何失误，不犯任何错误。对于施莫勒这种完全理性人的论调，门格尔指出以施莫勒为代表的历史学派，犯了"根本错误"，因为他们不承认人类存在自利行为。门格尔认为人类的理性也不是完全理性的。这一点在张维迎教授评论产业政策制定者的调侃中可以看出来：如果产业政策的制定者能够知道那个产业赚钱，那么大可以将他们的财产拿出来一部分投入到他们瞄准的这个产业，给他们一个赚大钱的机会。

实际情况来看，这种情形并没有发生。这一点，可以说产业政策制定者是理性的，因为他们担心自己的投入会亏钱；但是他们制定产业政策就说明他们对于该项产业有一个很好的理性判断，按理说是能够赚钱的。既然这样，他们为什么不投钱呢？这就形成矛盾。从这个逻辑上说，产业政策的制定又是非理性的。所以，不存在完全理性的人类行为。

关于这一点，米塞斯和哈耶克都曾专门论述过，米塞斯还专门写了一本《人的行为》这样的论著来详细地阐述这一问题。

所以，市场承认这种自利行为，也承认完全理性的政府、理性的人是不存在的，人们都不能过高估计自己的理性程度对于自身行为方式的指导作用所具有的价值。亚当·斯密很早就秉持这样的观点：在自由的市场上，因为人们都想让自己的生活过得好一些，因为自利，所以利他，前提是这个自利行为要正当。

张维迎、林毅夫两位教授的争论，张维迎教授更多地是从根本性的问题去谈产业政策的无必要。例如人的行为、人性的弱点等导致产业政策天然缺陷的诸多深层次的因素。他的最终论点，很大一个方面是指向了"外部性"，而并没有在更多的细节方面投入过多的精力与林毅夫教授进行争论。

林毅夫教授支持产业政策的观点，则更多地指向了细节方面的内容，有时候甚至是一种技术搭建，这更多的是一种操作层面的内容。

林毅夫教授曾经和杨小凯教授有过争论，杨小凯教授秉持的观点亦深深影响了张维迎教授。杨小凯教授的某些论述在很多时候也是很宏观的，认为讨论诸如产业政策这样太细节化的东西是没有必要的，因为本身产业政策就是一个比较技术层面的东西。技术上可行，但是并不意味着长期可行。可以说，张维迎、林毅夫两位教授的争论，张维迎教授秉持的也是这样的讨论思路——他不想过多地在技术层面上浪费太多的时间。

林毅夫教授则秉承着一贯在细节方面予以关注的习惯，期望在技术层面争论产业政策的合理性。与杨小凯教授的争论如此，与张维迎教授十年争论也多有涉及，此次更是具体。其所论及的"要素禀赋""比较优势""有效市场""有为政府"等方面，相比较而言，还是比较具体和细节化的。

哈耶克在《货币的非国家化》一书中曾经有过这样的论述：我们丝毫不要提倡一个"最小国家"，相反，我们认为在一个进步的社会中，政府应该将自己提高税收的权力用于提供大量服务这点上来，由于各种各样的原因，这些服务在市场根本没有，或者提供的还不够。

为了论述这个观点，哈耶克举了很多例子，例如对洪水泛滥、反抗暴力、诊治传染病等需要国家采取一定的必要措施。从这点而言，他不认为政府应该什么都不管，应该自由放任。相反，他认为政府应该有所为有所不为。这一点在林毅夫教授的演讲中似乎谈到了。因为林教授是这样说的："郑重地说我是既要有市场，也要有政府，这一点我希望媒体朋友能够帮忙把这个完整的观点传播出去，不然的话一般就讲张维迎是市场派，我是政府派，张维迎讲经济发展要靠市场，我就讲经济发展要靠政府，你们听到现在有没有说经济发展靠政府，好像没有，我是说要有市场，但是也要有政府"。

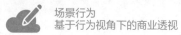
　　这里面涉及一个问题，哈耶克此种观点是针对政府应该做的事情，这种事情不一定是政府必须要做的，而是政府如果要做的话，当然更好，政府只是相当于一个辅助性质的部门而已。我们不能单独将哈耶克相关的赞同政府参与的表述拎出来，进而说哈耶克对于政府参与任何事务是同意的。如果是这样理解的话，那就违背了哈耶克观点的本质：第一，哈耶克认为政府参与的某项事务，前提应该是不会造成市场的失灵和信号扭曲，例如对于不可抗力造成损坏的事务或者主体参与救助，本身和市场失灵没什么关系；第二，政府即使参与了一些事务，但是也要严格符合一定的规则，如果违背了一定的前提和规则，政府就要承担一定的责任。

　　因此，即使哈耶克所举的例子，也有严格的适用范围，且政府将程序加诸在社会事务、经济事务之上时，必然引发谬误。所以，通过"要素禀赋""比较优势"等需要程序性来完成的工作，来建设一个有效市场、有为政府，逻辑上是不自洽的。因为程序性的工作在进行时，如何保证权力寻租等非正义的程序结果不会出现、如何不会导致教条式的按图索骥和胡乱决策，这些都是要特别予以关注——事实上也无解。

　　那么，希望从微观层面这样的程序，通过一种有效的监督制度的构建，来建设一个有为政府，这就相当于让同一主体既当裁判员又当运动员，这是不可实现的。有效市场的建设，前提是一定要知道什么市场才是有效的，这又是一个仁者见仁、智者见智的问题——众多主体对于市场有效性的认识，都是主观的，而不是趋同的。例如，有的企业家认为信息对称的市场才是一个有效的市场，房屋中介市场的信息不对称程度越低，中介寻租的空间就越窄，所以，这个市场对于买卖双方而言就是有效的；但是信息不对称的程度越高，创新的机会反而更大，那么越是信息不对称的市场，对于企业家而言，成功的概率反而更高。因此，基于上述两种情况，市场到底是有效的还是无效的，这就难以判断——不同的人将会有不同的观点。

市场和政府的关系，应该严格来限定。既要有市场，又要有政府，通过诸如产业政策的制定来将二者联系在一起，在很大程度上将会导致边界模糊，各自目的达成将会受到很大影响。

如果没有厘清楚政府和企业的关系，那么人为主导之下的任何政策的制定或者实施，将会受到影响。厘不清这种关系，即使现有的产业政策在局部上取得成功，但是其带来的利益极有可能将被之后因失败而带来的成本覆盖掉。采用技术优势带来的短期效果，到底是不是一个重要的政策实施落脚点，这是值得深思的。

米塞斯认为，只有意识到行动一定是由个人实施的，才有可能认识广泛的人类合作。集体不能独立于个体而存在，一切社会行动都由个人的行动组成，一切历史事件也可以还原成个人行动。产业政策的出台，意味着制定者认为人们都是理性的，那么由人构建起来的群体这就是理性的，理性的群体将会做出理性的事情，达致理性的目标。但是政策制定者既然认为所有人都是理性的，那么为什么本身不投身于自己所制定的产业方向而获利呢？如上所述，这本身是个比较大的逻辑矛盾。

场景是由人的行为构建起来的，人的行为特点，构成的场景肯定也是存在一定的相似特点。例如人的行为具有理性，那么场景也是具有理性的。产业政策是一种群体性的行为，强调的是通过集体行动以达成目标；但是自由主义从逻辑上，更多强调的是自我满足，在这种情况下，个体行为的行动空间就比较大，因为束缚比较少（但是并非完全没有束缚）。二者在很大程度上具有相似性，例如理性——集体主义和自由主义都有理性的影子；例如盲动性——有时候甚至个体的盲动性更大；例如急功近利，个体和群体都可能有急功近利的趋向。

产业政策是一种群体性的行为，因为产业政策制定出来之后，社会力量（商业力量）就要集体介入这种政策以达到其所指向的目标，但是对于这个目标的正确性与否，事前在很大程度上是比较难评估的。因此，检验这个目标是否正确，基本上都要等到产业政策在规定的时间内完成之后，结果是不是实现了，或者说这个目标实现的这个结果，是不是符合人们的本质利益。

在这种奔向产业政策所指向的目标的过程中，社会主体（更主要的是商业的主体经营者）其实是会根据自身的情况调整其经营行为的，而不全然按照产业政策的路径坚定地走下去，但是大方向不会和产业政策有所背离。因此，出现了这样一种状况，产业政策的制定者本来是觉得自己制定的产业政策是对未来产业方向的正确总结或者预测，于是提前予以公布，以便市场主体遵守并实行，造成的结果是，市场的实际参与主体和经营者在实际经营的过程中如果发现这种产业政策是不符合实际的，但是如果不遵守，将得不到市场红利。因为整个市场被"带偏了"，原本要流向到其他行业的资源，有可能因为产业政策的指导，而流向本不该流向的行业，其他行业的红利就被消解了，市场会走向一个较为错误的方向。因此，有可能某一个行业将会遭受重大的影响——本该发展的行业不发展，本该淘汰的行业又在垂死的时候被输血，但是其本身却并不代表着未来行业的实际发展方向。这样的成本是相当高的。

从这个角度来说，产业政策对于所有行业而言，导致的商业场景就和原来无产业政策的情况下的商业场景不一样，商业场景就发生了整体变化。

1.5　场景的有效性具有周期性

场景的有效性是有周期的，一个很重要的原因是人的某一项行为都是有周期的。

马斯洛理论把需求分成生理需求、安全需求、爱和归属感、尊重和自我实现五大类，这些需求是从低到高逐渐递增的。可以看到这5种需求都具有不确定性，也就是说每时每刻都在发生变化。例如安全需求，每个人对于安全感的需求是始终存在的，安全感弱时，我们体现出来的寻求这种安全感的行为就要强烈一些，反之则弱。当每个个体感到安全感减弱（增强）时，意味着安全感强烈（减少）的时代已经结束了。

人在其他需求方面，本质上也是一样的道理。

从本质上讲，这意味着人的行为发生了变化，由人的行为构建起来的场景也发生了变化。

那么变化之前的场景就意味着失效了——人的需求变化，表明场景发生了变化。人的需求变化有周期性，所以场景也具有周期性。

基于上述论断，这里以支付行业普遍进行的客户背景调查做一个说明。

支付行业，尤其是专注对公支付的企业，对于客户的背景调查是比较严格的，一个很大原因就是对公支付涉及的金额比较大，相关风险比较高，例如洗钱风险和欺诈风险。

市场上有很多电商公司是包装出来的，三单信息（订单、支付单和物流单）也可能会造假，也就是说交易背景都是伪造的。在这种情况下，支付机构就需要对其商户进行背景调查，在准入（成为支付机构的商户[1]）时，进行真实性调查[2]。对于交易背景真实性的调查，也就成为支付行业的一个非常重要的要求。

进行身份真实性调查的一个重要原因是涉及支付机构的某些业务极有可能成为洗钱的工具，或者成为不法分子进行其他犯罪业务的工具。因此，需要对该业务所面向的行业做一个了解，进而对该行业中的某家拟成为支付机构客户的企业进行背景真实性调查，例如代付业务涉及的企业。

现在很多支付机构都在做代付，代付的业务种类也比较多，但是因为代付的下游本身并没有要求其在支付机构注册，支付机构只是留存了收款方的一些基本材料，而对于其真实性并没有办法核实（或者核实手段比较缺乏）。因此，代付的洗钱风险是比较高的。所以针对这种情况，支付机构如果做代付的话，有一些场景，可能涉及的风险比较高，现简单地罗列一下。

场景一：广告公司将 DSP 系统（广告分发系统）授权给代理商，代理商负责推广给客户，客户使用 DSP 系统后进行广告投放。客户支付给广告商服务费用后，广告商通过与支付机构进行合作，将

---

1 有的专门进行对公支付业务的支付机构，是没有商户这样的说法的，统称为客户。因为其业务本身就是账户支付模式，即 A 和 B 都是该支付机构的客户，支付机构接受 A 的支付指令，然后将资金支付给 B。支付行业的商户也称特约商户，最早是从线下 POS 收单中衍生出来的一个概念，例如支付机构为一家餐饮公司提供 POS 收单业务，餐饮公司就是该支付机构的特约商户。不过有的特约商户是线上的，例如电商就是一种非常典型的线上特约商户，支付机构为该类商户提供的业务称之为网上收单。

2 这种在支付行业称为客户身份识别。

部分利润通过支付机构代付给代理商。

场景分析: DSP 系统用户本来可以直接找 DSP 系统进行广告分发的,但是成本比较高,因此客户一般是通过广告公司的代理商来进行广告分发。DSP 系统是广告商的分发系统,如果支付机构做代发的话,那么广告公司就是支付机构的客户,收款方就是广告公司的代理商。这个场景较为简单,基本上还是可以做的。需要注意的是,很多客户委托代理商接入广告商的 DSP 系统,但是这里面有很多站长可以刷单,也就是说,客户看到的数据(例如点击率)等,有很多是不真实的。虽然和支付机构没关系,然而这部分代付的资金包含一部分通过刷单刷出来的对应的相应费用。所以对于支付机构而言,合同中要对这部分资金产生的责任边界进行明确。

场景二: 用户通过支付机构将资金充值到托管平台,用户可以在支付机构进行配资炒股,进而将本金放大,因此用户的收益(或亏损)得以放大。在股票行情好的情况下,用户可以通过平台在股市当中获利更多。

场景分析: 这个场景本质上是一个杠杆交易。配资炒股属于杠杆交易,配资分为场外配资和场内配资,场内配资一般是证券公司的业务,场外配资则是由市场上的配资公司运作,可以将原始资金放大好几倍。一百万元甚至可以做五六百万元的生意。因为这部分市场风险极高,动辄几百上千万元的资金流动,监管、客服等成本,估计也非常大,无论支付机构在其中充当什么角色,都应该慎之又慎。

场景三： 支付机构做借条放款和自有资金放款。自有资金放款就是借款人填写信息授权后，平台用自有资金代付给他放款。借条放款就是撮合，包含出借方（非平台）和还款方。支付机构做放款，然后走的是代付通道。

场景分析： 第一种方式，支付机构用自有资金放款，进行代付，这是支付机构自身行为。不过现金贷，当前做的比较多的是银行、P2P、小贷公司、消费金融公司，很多没有资质的创业公司也在做。在2017年12月份，互联网金融风险专项整治工作领导小组发文暂停网络小贷公司的设立，因为风险较大。国家当时整治了一批没有资质的现金贷公司（年化相当高），所以这个行业也是高风险行业。另外，如果想正规进行该项业务，还需要拥有小贷资质，受金融办和银监会监管，成本也非常高。

至于所做的撮合交易，本质上就是P2P，这个是国家当时严控的对象。

支付机构代付业务在笔者看来是一个支付业务中比较特殊的业务类型，本质上是和支付机构无法或者较难核实其下游收款方的身份真实性有关的。这也是为什么代付基本上集中在公共事业缴费或者工资代发等场景上，应用的范围比较狭窄。非公共事业的代付场景，或许未来也不是国家鼓励的方向。这方面的业务，走向或不明朗[1]。

---

1 《陈虎东：支付机构做代付业务 三类场景要谨慎》，陈虎东，网经社，2019年5月30日。

因此，支付机构的背景真实性调查，不仅要调查已有的基本资料，还要对不同行业的整体走向有一个比较清晰的认识，进而综合研判该企业的整体情况，决定某客户是否应该准入成为支付机构的客户。否则不同行业的风险性，将极有可能导致支付行业卷入其中，沦为洗钱的工具。

这个其实是人的行为发生了变化，才导致整个业务场景发生了变化，和互联网金融的发展历程有极大的关系。

互联网金融的代表性模式有第三方支付、网贷、众筹和门户金融理财等，不同的互联网金融模式框架的初步确立，乃是走过了从原来技术的简单运用到 2013 年互联网金融爆发期这样一段非常之路，最终，不同的互联网金融模式发展到 2013 年终达巅峰。

2013 年之所以被称为互联网金融元年，是因为互联网思维成为影响并改变着传统金融业态形式的冲击力量，银行、券商、基金和保险等传统金融业机构都开始在这一年中谋篇布局，阿里巴巴、腾讯、百度、新浪等巨头都开始显现出在互联网领域打造新型产业链的竞进态势，传统的产业形态正在被搅局，部分已经被重塑，所以，2013 年被称为互联网金融发展元年也算是实至名归[1]。

在这种情况下，市场上对相关的互联网金融都在进行探索，但

---

1 《看看不同模式的互联网金融，花了多长时间才"成熟"》，陈虎东，钛媒体，2015 年 5 月 19 日。

是互联网金融作为一种中国独特的称谓，其最终将走向何处，对于即使从业了将近一辈子的银行业老兵来说，有的也直言看不懂，不知道该模式的未来方向在哪里。

在不同行业的从业者来说，因为"看不懂"，导致政策的制定和行业的走向预判，乃至风险的研判，都是一个未知数。所以国家对于互联网金融的几种模式进行了严监管，以防止当时还不明朗的、难以预估判断的潜在风险进一步发生，导致不可收拾的局面出现。

在这种大背景下，开展任何形式的业务，背景调查就显得非常重要。如果监管不严，将极有可能导致洗钱风险的发生。故对于企业的背景调查就显得非常重要，这几乎是所有从事互联网金融行业的企业欲开展业务的前提下，一项最基本的要求。而且不同的互金模式，洗钱风险的程度大小也是不一样的，例如网贷、支付、门户理财这些行业，洗钱的风险比较高，所以对于不同的行业，监管的力度也是不一样的。

下面以从事 B 端业务的支付机构举例说明一下。

从事 B 端支付的企业，应该做好客户的背景调查，要在有效调查的基础上，防止客户准入时通过虚假交易的方式进行洗钱。调查的维度可从以下几个方面进行，如表 1.1 所示。

表1.1 风险等级评分表

编　号	指 标 子 项	评 分 标 准	权重	分值	备　注
1. 基本信息	1.1 客户信息的公开程度	企业证件资料（营业执照、开户许可证）齐全	0.2	5	必要项，缺一不可
	1.2 机构与客户建立或维持业务关系的渠道	自营客户	0.8	5	信任度相对高一些
		渠道客户		0	渠道客户的信任度要低一些，因亦不排除人为介绍因素
	1.3 法定代表人身份证件有效时间	提交身份证件超过有效期	1.2	0	有效期越长，信任度越高，分值也越高，反之，越低
		提交身份证件0年<有效期≤1年的身份证件		-1	同上
		提交1年<有效期≤3年的身份证件		3	同上
		提交有效期>3年的身份证件		5	同上
	1.4 法定代表人身份证件有效性	法定代表人身份证件为中华人民共和国公民身份证，且经公安系统核验	1.8	3	核验通过，分值较高
		法定代表人身份证件为其他国家地区的身份证件		0	如涉及洗钱高风险地区，评分较低
		法定代表人提供持身份证件照片		1	分值较高
		法定代表人年龄（0~25岁）		-1	法人年龄在合适的年龄段，信任度较高
		法定代表人年龄（26~65岁）		1	同上
		法定代表人年龄（65岁以上）		-1	同上

续表

编　号	指标子项	评　分　标　准	权重	分值	备　注
1. 基本信息	1.5 受益所有人信息完整性	提交填写完整的受益所有人信息表		1	根据人民银行的规定进行填写[1]
		提交证明受益所有人的相关资料（包括但不限于：董事会决议、公司章程、公司组织架构、加盖公章的情况说明等）	2	2	受益所有人信息越完善，信任度越高，评值越高
		经"天眼查"或其他外部渠道核实受益所有人信息		2	同上
	1.6 企业营业执照有效期时间	提交过有效期的营业执照	0.8	0	过期的营业执照，无评分
		提交0年<有效期≤1年的营业执照		-1	根据营业执照有效期长短，来进行评值
		提交1年<有效期≤3年的营业执照		1	同上
		提交3年<有效期≤5年的营业执照		3	同上
		提交有效期≥5年的营业执照		5	同上
	1.7 企业经营时间	企业经营时间≥5年	1.2	5	根据经营时间来进行评值
		2年≤企业经营时间<5年		3	同上
		企业经营时间<2年		0	同上
		企业经营时间<1年		-1	同上

1 "受益所有人"的概念见2018年6月28日，中国人民银行下发的《中国人民银行关于进一步做好受益所有人身份识别工作有关问题的通知》（银发〔2018〕164号）。

续表

编 号	指标子项	评 分 标 准	权重	分值	备 注
		3000万元以上		5	根据注册资本来进行评值
		1000~3000万元		4	同上
	1.8 注册资本	500~1000万元	1	3	同上
		51~500万元		2	同上
		50万元以下		1	同上
		银行、证券、保险、支付等金融业		0	金融机构的准入，进行评值[1]
		农、林、牧、渔业		5	实体行业，评值较高
		采矿业		5	同上
		制造业		5	同上
1. 基本信息		电力、热力、燃气及水生产和供应业		5	同上
		建筑业	0.8	5	同上
	1.9 所在行业	批发和零售业		1	现金密集行业，评值较低
		交通运输、仓储和邮政业		4	较为主观的评值
		住宿和餐饮业		0	针对支付机构主营业务针对的客群进行评值
		信息传输、软件和信息技术服务业		0	同上
		房地产业		1	较为主观的评值

[1] 支付机构对于金融机构的准入，是比较慎重的，因为金融机构涉及的资金风险非常高，有可能通过支付机构进行交易后，资金追溯就比较难。

续表

编号	指标子项	评分标准	权重	分值	备注
		租赁和商务服务业		0	针对支付机构主营业务针对的客群进行评值
		科学研究和技术服务业		0	同上
		水利、环境和公共设施管理业		5	实体行业，评值较高
	1.9 所在行业	居民服务、修理和其他服务业	0.8	0	针对支付机构主营业务针对的客群进行评值
		教育		0	同上
1. 基本信息		卫生和社会工作		0	同上
		文化、体育和娱乐业		0	同上
		其他		0	同上
		国有企业		5	根据客户的性质进行的评值
		上市公司		5	同上
		民营企业		4	同上
	1.10 客户性质	外商合资	1.2	4	同上
		外商独资		3	同上
		私营		2	同上
		个体工商及其他		1	同上

续表

编　号	指标子项	评　分　标　准	权重	分值	备　注
1. 基本信息	1.11 沟通信息完整性及便捷性	提交经办人身份证缺失	1.2	3	根据经办人信息完整程度进行评值
		提供联系人电话		1	同上
		提供联系人邮箱		1	同上
	1.12 客户KYC完整性	客户提供填写完整的KYC调查表	1.8	2	根据客户自填信息进行评值
		客户提供证明调查表内容真实性的材料(包括但不限于:营业场所租赁合同、高级管理人员的毕业证书、进出口许可证或其他资质证明文件)		3	同上
2. 反恐、反洗钱、上游犯罪风险	2.1 公认具有较高风险的公司(或个人、地区)	经黑名单系统排查,公司名称及注册地涉嫌高风险	2	-25	根据具有较高风险的公司(或个人、地区)进行扣分[1]
		经黑名单系统排查,法定代表人或受益所有人涉嫌高风险		-25	同上

1 高风险地区和黑名单名单,支付机构可以通过网络查询到,或者通过FATF等官网查到。高风险国家和地区名单一般会参考到以下几点:被联合国、其他国际组织或者国家采取制裁措施的国家或地区;被FATF确认为NCCT(不相助的国度和地域)的国家或地区,或被其他国际组织确认为缺乏足够洗钱法律和法规的国家或地区;被国际组织或相关国家根据业务需要,恐怖或涉及其他犯罪的国家;洗钱高风险的离岸金融中心;其他被各级机构根据业务经验,自行确定为洗钱高风险的国家或地区。各级机构可根据本地区的业务经验和监管经验,自行确定相关反洗钱名单或者企业黑名单。

续表

编　号	指标子项	评分标准	权重	分值	备　注
2. 反恐、反洗钱、上游犯罪风险	2.2 行业现金密集程度	经营范围涉及：收购、零售、艺术品、收藏、拍卖、娱乐场所、博彩、影视娱乐	2	-25	根据行业现金密集程度进行评值
	2.3 受益所有人信息存在缺失	要求的任一资料存在缺失	2	-10	受益所有人信息存在缺失的，评值较低[1]

<hr>

[1] 鉴于一系列的风险事件，从 2018 年中旬开始，人民银行就非常重视受益所有人的识别，要求将受益所有人的识别纳入到支付机构客户身份识别工作中，做到高度重视。以上表格的制作，感谢同事沙沙的共同参与。

以上表格试图用一种标准化的模型来对客户的身份进行赋值打分，但是并不意味着这样的标准是恒定不变的，其应该是一个不断变化的模型。随着市场的变化以及国家对不规范行业的整改，市场的逻辑和监管的逻辑都会在模型中体现，尤其是国家对新型的支付行业监管力度不断加大，以上模型在这个过程中就要随时调整，以适应这种整体环境的变化。

一般来说，支付机构所从事的业务都是相对固定的，但是随着某一种经营业务涉及的行业处于微利状态时，那么涉及的经营范围就会发生变化，如果新业务涉及的行业现金程度较为密集，那么整体的评分就要发生很大的改变。

人民银行在 2018 年的中旬，对受益所有人的识别非常重视。这是人民银行对支付企业穿透式管理的一种具体实现方式，在这种情况下，2018 年中旬之前未进行受益所有人身份识别的支付机构就要开展这项工作，且应当投入相当的精力，否则将极有可能受到人民银行的监管处罚。受益所有人的工作的具体实行，尤其是评分的标准，就要体现在上面的表格中，那么支付机构对于该客户的评分，甚至就要发生很大的变化。

如果按照上述评分标准进行的话，每个客户在准入时，系统就会自动为其计算出一个分值，那么这个分值就成为支付机构管理客户的重要依据——针对不同的分值，支付机构将能够在交易监控、交易额度控制、市场行情分析方面进行一种相对标准化的管理。例如，评分越高（越低），支付机构可提高（降低）该客户的交易额度，尤其对于评分很低的客户，支付机构将进行重点监控，甚至可采取关闭其交易的措施进行控制。

当支付机构根据评分，对交易额度、交易频次、企业经营行为进行分析，尽量掌握企业的整体情况，或者对企业的经营趋势进行判断，那么当支付机构通过这种手段对企业状况掌握得非常丰富的情况下，支付机构就可以采取相关的措施对客户进行管理。例如对新变更营业执照经营范围的企业进行禁止交易的措施，对交易额度较小的企业进行提高额度的管理等。措施的实施，就会使得整个场景发生变化，那么原先的场景就失效了，新的场景就被建立起来。

当采取一定的评判标准时，只要这个标准的相关设计要素发生了变化，这个场景的边界就被打破了，也就是原先的场景就失效了，经过一定的周期之后，新的场景就建立起来，新的商业模式或者经营模式就出现了。

企业都是由人组成的，人的行为在某种程度上构成了企业行为。虽然个人的行为和由不同个人构成的企业的行为是不同的，但是至少在基于洗钱业务的管理上，两者具有一定的相似性。在很大程度上，通过企业洗钱的行为就是一些个人行为，那么通过企业的背景调查，自然就会涉及一些个人的信息，例如对于法人身份的核查。在核对法人身份证时，很多客户的法人或是刚成年，或已经是 70 多岁的老人了，法人住址涉及的地址也经常出现一些较为偏远的山区或者村庄，而且从身份证上面的头像来看，明显就是一些饱经风霜的农村老人或稚嫩的刚刚成年的孩子。这里面可能就涉及一些文化层次较低的群众身份证信息被欺骗购买、被欺骗当法人的情况，至少从这样的维度方面进行判断，这个客户公司就是包装出来的。因此，这里面的人的行为因素就比较大。这个企业的行为基本上也就是人的行为，判断该企业的行为方式是否正当，从人的行为规律方面判断，也是一种比较有效的方式。

当通过风控的手段，在二次审核客户基本证件时，当发现了很多不合常规的情况，基于这个判断，原先对于该客户的管理手段就会发生变化，那么原先的场景自然就失效了，也就是说，原来的场景周期已经失效了。

所以对于企业来说，新的商业场景的构建，其前提需要对企业的整个经营管理进行深入挖掘，从不同维度来构建分析体系。从人的角度来构建这个分析体系，是一个很有效的方案。企业经营者或者实际控制者的经营经验、从业经历、从业行业等维度，都是非常重要的分析着眼点，在很大程度上决定着企业的实际经营行为和实际经营管理情况。基于企业经营者或者实际控制者的个体行为的变动性分析，有很大可能决定着一个场景的有效性周期到底有多长。

1.6 有效商业场景的形成，需要一定的周期予以培育

商业经济是一种发掘场景的最好的方式，因为现在衡量一种商业经济模式到底是不是一种好的模式，根本的判断依据就是这种模式能不能盈利。其实人类社会的所有行为都会形成固定的场景，至于从商业的角度，将某种盈利模式切入到这种场景中，这就需要进行一系列的有目的的操作。

因此，商业场景的有效与否，其实就是看这个场景是不是能够盈利。

其实所有的场景都能够切入商业模式，只不过难度不同而已。

人的行为中总是有散漫的因素，在没有监督时，人的自律其实是很难做到的，这种说法其实对任何人都是适用的。所以商业就需要通过规则的运用，将扰乱商业有效运行的人的行为中诸多不合理的因素剔除掉。这个过程本质上就是一个有效商业场景的形成过程，这个过程是需要周期的。

当前冷链物流行业中对于司机群体的商业化管理，就是这样的例子。

物流行业的司机"难管"，一直是该行业的一个难题。在传统

物流时代，运输的货物基本上都是常温货物，温度控制这样较为复杂的配套流程还没有出现。即使是一些简单场景，也会出现问题。例如，有的司机从仓库中拉取货物之后，这批货就脱离了货主或者委托管理方的监控范围内，导致货主或者委托方很难知晓这批货的动态行程，这批货的状况在整个承运过程中就难以被定位和追踪。

这样的场景在传统时代一直存在。冷链物流行业更是如此。

严格意义上讲，我国的冷链物流从 2001 年才正式进入人们的眼帘。2001 年的国家标准《物流术语》对"冷链"进行了定义。即便如此，"冷链"从概念到企业层面的运用已经是多年之后的事情了。随着冷链的发展，冷链物流作为一个比较具有代表性的物流细分模式或者物流细分市场，开始逐渐发展壮大。

冷链物流配送的一些产品，尤其是生鲜食品，需要适宜的温度控制。生鲜食品一般包括冷冻、冷藏和常温，生鲜食品配送要严格地控制温度，并且需要保持生鲜食品的卫生，毕竟最终是要吃到消费者肚子里面的，需要绝对保证安全。

冷链物流行业的出现，带动了众多商业经营者对司机群体进行管理。

传统物流时代，司机的装卸货、运输货物以及对于货物在运输过程中的保护，都是比较粗放的。例如，有的司机在装货过程中野蛮装卸，导致货物受损；有的司机在装卸货的过程中，穿着随意，光膀子、穿拖鞋、抽烟、偷取货物，这些情况都需要做到随时监控，否则会影响产品的卫生等。如果在这个过程中，司机与合作的物流公司发生矛盾，心怀怨恨，进而做出故意污染货物的行为，这些都是有可能发生的（例如合作方不及时付费或者故意拖延费用、刁难司机等）。在这种情况下，司机的这些行为，形成了一种固定的场景，就是在货物从出库到最终进入终端这个全流程的过程中，这些行为成了一种"约定俗成"的惯例。

冷链行业对于温度的要求是非常严格的，对于温度而言，如何保证承运车辆在运输过程中的温度控制在合理范围之内。食品的配送对温度有较高的要求，否则出问题了就是大事，毕竟食品安全无小事。那么，如何保证承运车辆在运输过程中做好温度控制呢？也就是说，如何让承运司机能够按照该供应链管理公司的要求进行合理承运？

如何管理在途承运车辆？例如承运司机为了省油钱不开空调怎么办？空调半路坏了，货物如何处理？如何保证司机在承运过程中全程的温度一直保持在合理范围内？也就是说，如何保证承运过程中的温度都为连续且符合要求？有的物流公司要求司机回传送达货物的温度照片，这样的规定在很多情况下是比较难实现的。例如司机在承运的过程中为了省油，一直不开启或者不间断地开启空调，即将到达最终收货地址的前几个小时，才将温度控制在合理范围内。那么送达时，司机拍照回传的温度当然是合理温度。届时收货方测温时，也检测不出什么问题，在这种情况下，导致的一个问题就是，其实箱子内部的有些原材料质量已经不能保证了。

诸如以上的不当行为，形成的这种场景如何消除？因为这些场景提高了企业运营的成本，而且有可能导致企业破产。但是，司机是物流行业的一个极为重要的组成部分，流通行业在目前而言，是不能没有司机的。这些问题不解决，类似的商业其实不是一个较为有效的商业，形成的商业场景也不是一个有效的场景。

因此，众多经营者进行了深入思考，并且采取了众多管理方式，以面对诸如以上在实际中发生的这些问题，努力让这个场景变得有效。

为了解决以上场景中存在的诸多问题，市场上出现了一些相关的解决思路。

1.及时付款

众所周知，拖欠司机的运输款项是一个比较大的问题，很多司机在将货物保质保量运输到指定地点后，未能如愿拿到运输款项，导致连锁反应。市场上也出现了很多这样的报道。

粗放经营、低价竞争、标准化流程缺失等因素，让司机往往变成为"遗忘的群体"。企业出现了经营问题，基本上都是通过挪用本来应该付给司机的运输款来救急，长此以往，运费挪用就成为冷链物流行业的难题。另外，司机群体中很大一部分人基本上并没有与固定的第三方公司签订劳动合作关系，属于"游散"状态，有货就拉，没货就休息，或者哪里的运费价高，就去哪里拉取货物，对于特定的物流公司来说，司机"不忠诚"，绝大多数的司机并未与物流公司签订合同，导致物流公司对这些司机有借口拖延付款。

还有一个原因，中国的冷链物流公司缺乏标准化运作和经营，尽管中国冷链物流行业从 21 世纪初期就开始发展了，但是将近 20 年的发展，中国的冷链物流行业经营还是比较粗放的，以标准化为代表的现代管理流程并没有深度运用到该行业中，导致整个行业的经营水平比较低下，行业太"乱"。在这种大背景下，各利益方并没有形成一种均衡的利益分配模式。

在这种情况下，不单单是司机利益受损，物流公司发展得也比较艰难。例如，很多物流公司某条线路并非都为长期业务，司机长期固定在这条线路上的话，闲下来的时间比较长，那么物流公司管理司机的成本就高。所以物流公司基本上都是采用临时调度的方式雇用司机承运货物，有货就联系司机，没货就让他们自由选择到别处承运。这种临时调度的方式成本是极高的，例如有时候物流公司某线路急需承运，但恰在这时，司机正在承运别家公司的货物，在这种情况下，这条线路空置的成本就比较高。为了不空置，物流公司就要不停地联系司机，确定拉货地点、拉货时间、送达地等等诸多事项，这样做的成本最终非常高。

司机群体是物流行业的一个重要群体，不可或缺。长期以来，司机难于管理是一个困扰行业的大问题。要求及时付款、丢货损毁货物、装卸操作不合理、文化水平低导致难管理等问题，始终是困扰物流行业发展的诸多难题。其实这些问题并不简简单单都是司机的问题，因为所有的行业从业者群体如果面临的是同样的问题，那么一定是这个行业出了问题。例如，有的物流公司付款不及时，恶意拖欠款项，通过故意刁难司机进而恶意扣款，导致司机运输完成之后，担心收不到相关运输款，因此不停地打电话催款，甚至运用一些极端手段。即使是一些不进行催款的"好司机"，也会被逼成"坏司机"。

在司机不能及时获得运输款的情况下，司机堵门事件自然会发生，这还是曝光出来的。其实对于物流公司来说，对于司机日常催款应对基本上是物流公司每天的工作常态和固定工作项。

鉴于上述问题，有的物流公司采用了及时付款的方式，固定付款时间，但是这需要有充足的资金流，并且要在付款时间段之前做好资金计划，并广而告之各司机[1]。固定付款时间考验着公司的资金周转能力，风险也比较大。这也只是一个折中的办法。因为有的物流公司就是因为没有资金付款给司机，才导致司机催款事件的发生，

---

[1] 其实，对于物流公司来说，有时候不付款或者不及时付款也是一种无奈。因为有的司机都是先给钱再拉货，或者卸货之前就要获得运输款，不给钱不卸货。对于司机的运输款项来说，账期非常短。但是对于物流公司来说，服务的客户的账期又相对比较长，导致二者的账期不对等，资金链往往很容易断裂。

这和固定或不固定时间付款没有太大关系，但是无论如何，至少能减少司机对于物流公司日常工作的随时"干扰"。

无论如何，这种固定时间的付款方式是标准化管理的一种手段。这种方式实行以后，物流公司客服压力大大减轻。据笔者对某家物流公司的观察，这个场景的培育，周期也就是两周左右（当然不能一概而论）。

2.为每台车辆配置监控设备

冷链物流行业对于温度、司机的操作、卫生程度都有严格要求，之前在技术不发达的情况下，司机承运脱离了企业管理的"视线"，基本上都很难对全流程及产品质量进行把控。

随着冷链技术的发展，市场上出现了很多提供监控设备的供应商，也就是冷链装备的供应商，旨在实现对冷链物流行业的全流程监控。包括配备一些监控视频设备，还有定位追踪设备。尽管当前市场上的一些该类设备的供应商还处于比较初始的发展阶段，生产的设备在质量、技术方面还有一些缺陷。例如某些设备装在物流车辆中时，因为车辆运载空间基本上是封闭的，尤其是冷冻冷藏食品更是如此，所以导致该设备接收信号能力不强，或者出现信号短暂中断的现象；还有一些设备的供应商提供的产品只考虑到信号、电量等技术问题，并没有考虑材料、安装等问题，导致冷链物流车辆很难安装这些设备，并且内部封闭环境中水珠或者冰凌有可能损坏该设备的外体，导致设备失灵。

从无监控的场景到有监控的场景，这种从失控到可控的过程，是需要培育的。这个周期其实也不长。这些设备配备之后，能够有效地抓取温度、行程、装卸操作等环节，这些数据也是物流公司的合作方所需要的，从而最大程度地做到防止丢货、质量难以保证、卫生等问题，这样的商业场景才算是比较有效地建立起来了。

3.为司机增加财力支出（如买保险）

司机群体基本上没有成为物流公司的固定员工，导致物流公司的管理成本极高。但是目前将司机纳入公司正式员工管理的范围内，时机还不成熟——临时性业务比较多，长期合作业务少；司机拉散货的收入高，也不一定愿意成为固定员工拿死工资；冷链物流行业尚处于信息化的起步阶段，在这个摸索期，企业也不想付出太高的成本雇用稳定的司机，因为管理成本也是比较高的。

但是应该认识到，司机群体的混乱必将改变，"混乱"代表了传统时代物流行业的一种常态。在信息化、系统化逐步切入到物流行业这个过程中时，如何将这种混乱的状态予以改观，让这个混乱的场景逐步有效起来，这个将是物流行业的巨大商机。

我们也应该认识到，物流行业司机群体的混乱状态，只是司机这个主体人在无序的状态下，一种自发的行为。这种无序其实也是形成的一种自发秩序，这种自发行为并不是司机本身的过错，从商业的角度而言，是因为这个行业存在的诸多问题导致的。

在这种情况下，许多企业尝试了很多方式，来让这种混乱的自发秩序有所改善。考虑司机群体是一个比较辛苦的群体，常年奔波在外，基本上一年四季都是在路上，运输过程中的风险也是比较高的。所以有的企业通过为司机群体购买人身险、意外险的形式，来提升与其合作的紧密度，在某种程度上提升了司机的责任感。在目前企业难以将司机纳入内部员工管理的情况下，这种方式也是一种折中的办法。

这个过程对于中小企业来说，首先是成本的考量，所以这种操作方式，需要财务进行评估，也需要和保险公司对接商讨具体的方案。对于给司机购买保险的这种方式，该过程的培养，其实考验的是公司的财力和管理能力，因此对于当下中小型物流公司来说，也算是一个重要的管理手笔。至于这个过程能否将司机的责任心培养起来，从而形成一种有效的商业场景，以比较充分地保证运输质量，这个也是需要一定的周期的。

4.与司机长期合作，制定标准价格，优先自有司机承运

长期以来，每条线路的运输费用都是不固定的，需要视季节而定，淡季和旺季的运输价格都是不同的。因此，传统时代每天路线的运输价格都需要物流公司和司机进行协商。确定价格的这个过程，

沟通的成本还是很高的。物流企业还有可能调不到车，因为司机都奔着能够给出较高运费的物流公司去承运了。

物流公司如果要想长期拥有灵活运力，就必须采取措施，否则不仅沟通成本高，而且话语权也会旁落。

为了降低成本，有的物流公司决定制定标准价格，减少或者消除这样的成本。因为精确的运费定价是不现实的，只能是择取一个适中的值，运费按照这个值上下波动。

这样就产生了一个问题，如果物流公司根据日常运营经验，定的某条路线的这个值是3000元（假设从A地→B地，质量、千米数、车型等，都考虑进去了），有可能在旺季时，司机是不承运的，因为价格太低。在这种情况下，物流公司采取的是强硬措施，要求司机必须按照这个标准执行，也允许在一定的上下浮动值之内定价。

为什么要这样做呢？因为如果按照这个定价（包含一定的浮动值）执行的话，或许会取得以下效果

（1）极大提升司机长期具有稳定收入的可能性。例如一条路线，从A地→B地，定价是3000元，尽管某季A地运费的市场价格低于3000元，但是据常规经验而言，B地该季的运费市场价格要高于3000元。司机将货物以3000元的运输价格从A地运往B地，在A地看似少赚了，但是从B地→A地的运价相对会多赚

一点，这样就有弥补的概率，这是一种平衡的状态。如果物流公司要求司机长期合作的前提是，让某司机长期承运某条线路的货物，这样就能够基本保证司机往返都有货承运，对司机长期而言，是有利润的。

物流司机基本上都在一个固定的常驻城市进行货物承运订单接收，然后从这个城市承运市内，或者全国干线的货物。如果只是一心奔着价高的城市或者区域进行承运的话，这个找寻成本是非常高的，因为要跑不同的城市，包含油费等费用的成本被推高了。如果某季该城市的运价高，为了高价，从这个城市行驶到另一个城市，那么返程时，有可能运价极低，甚至空载。但是如果与物流公司长期合作，承运固定线路，司机获取的稳定收入概率就高了。因为相比于到处找货寻求高价运输费用的成本而言，长期稳定性的收入是司机最想得到的，辛苦的程度也会降低。

对于物流公司来说，免去了一趟一议价的烦琐流程，极大地提升了工作的管理效率。

（2）物流运输定价混乱状态将得到大大改善。目前基本上很多物流公司的价格都是一趟一议价，这种单一的定价方式基本上都是基于司机群体的特点进行的判断，具有合理性，因为这种行业的定价方式已经考虑了业务量、业务特点、运输线路和频率等，尽管不是那么精确或者说专业，但也满足了物流公司一些基本的业务要求。在众多小的物流公司还不具备行业定价研究能力的情况下，依靠多年从业人员的经验进行定价的做法，应该是比较合理的一种方式，当然这种方式还有待改进。

当某物流公司将价格固定时，至少对于别的物流公司的定价有个参考，再加上确定固定付款周期，有可能产生的结果是，这个行业的定价将更加合理，经过市场的发展，定价有可能会朝向一个更加合理的方向迈进。

综上所述，有效场景的形成，其实考验着经营者的经营能力，企业每天都在进行着这样的管理，不断地解决问题。只是将解决这类问题的眼光放在了人（例如上面所说的司机）这个方向上，即试图从人的角度来寻找最本质的解决办法。例如上面所说的及时付款、配置监控设备、增加财力支出（买保险）、与司机进行长期合作，都是这样的角度。这个过程其实就是一个培育的过程——将原来固有的过程打破，并试图从人的角度进行合理性度量，进而建立新的流程，最终做到让针对对象适应。所有的这些工作，都需要一定的周期予以培育，或许才有效果。

之前的企业在管理的过程中，有很多企业存在非人性化的管理方式，这是不适宜的，场景培育的最终目标就是要摒弃这种非人性化的方式，尽量从人的角度来考量一下管理方式和经营方式，通过这样一个需要周期的培育过程，进而努力将有效的场景构建起来。

第2章

场景是怎么被构建起来的

02

商业场景在多种情况下，是不会自动构建出来的，而一定是通过多种手段，被有意识地构建起来。

2.1　技术的发展，助推场景标准化

企业在发展的过程中，往往面临着一个很重要的却很令人头疼的问题，就是乱，即工作流程捋不清、人员分配不明确、权责考核不清晰、工作流转繁乱不规律。尤其是对于中小型企业来说，这些问题非常普遍。对于大企业来说，国家大型企业的流程也是通过长期的摸索建立起来的，甚至这个长期的摸索，周期会非常长。

这个漫长的过程有时候和目的性并没有太大的关系。例如该企业的领导设定一个梳理的目标，试图厘清目前的流程，这种方式对于在计划经济时代背景下的企业经营者或者管理者来说基本上并没有这样的意识；而且大型企业，尤其是特大型的国企、央企，在很

大程度上并没有生存方面的考量，那么依照主观能动性去理这些流程（本身这些流程就复杂）的意愿并不是很高。因此，在这种情况下，因为大型国企、央企的生存周期很长，所以很多流程基本上也就是靠日常经验（或者长官意志）积累下来的。所以，流程细化或者说一定程度的完善，也是个自然而然的过程——只要经营周期足够长，流程都会完善得比较好。

中小型企业并不是这样的，因为从业务拓展、人工成本、管理模式和资源支撑等方面，都无法和大型企业一较高下，所以进行流程管理的主观能动性就比较高，这也是一种无奈的结果。

随着技术的进步，市场以前所未有的速度向前发展，技术让很多之前传统线下的操作流程搬到了线上，并且极大地提高了工作效率。以系统化为目的的技术开发工作，就成为很多企业重点进行的工作。

可以这样说，当前技术的这种发展态势，已经将很多传统线下的流程标准化了，而且只要是人们能够设想出来的标准化，或者说企业经营者和管理者只要想让某一种工作流按照某一项工作流来操作，就一定能够通过技术的研发工作，使工作流程标准化。

例如，传统的物流行业有这样一个场景，一些餐饮公司（简称A公司）需要一些供应商按照其要求进行产品的供货。A公司下游有一些仓库，这些仓库覆盖在全国不同地区。这里面有一个环节就是，A 公司在全国不同的区域通过和一些仓储公司进行合作进行收货。同时 A 公司也和一些物流公司合作，要求合作物流公司承运 A 公司在不同区域的分公司采购的产品，也就是为其分公司提供物流承运服务。

A 公司的不同分公司向 A 公司负责物流或者供应链的部门（简称 A 部门）下发采购订单，A 部门将采购订单发往 A 公司不同的供应商，然后届时通知物流公司将货物安全、保质保量地承运到 A 公司全国各地的指定合作仓库。

当 A 公司供应商将货物配齐之后，物流公司这时也已经收到 A 部门的承运指令了。例如 A 部门提供给物流公司一个出货单，写明出货时间、产品规格、数量、运达地和产品批次等，物流公司收到这个出货指令后，按照时间进行配车承运。

整个环节中涉及几个参与方：A 公司、A 部门、供应商、物流配送服务方、指定收货仓库。这个链条中这些参与方只有通过互相有效的协调，才能将之前明确了的采购订单载明的货物完整地运送到指定的收货仓库中，只有这样，这个链条才算是完整、高效的。

但是，这里面绝没有想象的那么简单。一个很明显的例子就是，A 公司的不同分公司下单，A 部门就要传输给供应商进行对应产品的生产，如果届时 A 公司的供应商生产不出怎么办？那么 A 公司分公司就要面临断货的情况。如果生产出来，产品批次不符合怎么办？就要重新生产，然后物流公司重新配送。那么对于物流公司来说，司机的调度、路程上温度的控制、突发事件（例如堵车、装卸货、物品损坏和流程跟踪等）都需要投入极大的精力，尤其是货物混装、温度不达标、运送之后司机收不到运输款不卸货、指定仓库因为库存的问题迟迟不配合卸货、货物损坏或者污染等诸多问题，整个流程的每个环节的管理显然需要配合得非常紧密。

还有一个极为重要的问题就是，目前很多中小物流企业的车辆调度是一个难题，该行业的司机基本上都是哪里高价往哪里跑，很难管理，尽管市场上也有一些专门从事物流车辆租赁的公司，但是对于中小物流企业来说，与其合作的成本比较高。因此，这些中小物流企业一般选择市场上的车辆进行合作，基本上都是临时调度。那么这样就涉及更为复杂的流程：这些中小物流企业为了节省成本采取降低运费的形式进行调度，在这种情况下，服务很难保证。因此，物流公司在缩减运输成本的基础上，通过规划行车路线，尽量能够在不多跑路的基础上，将承运货物尽快地送到指定地点。

还有就是承运物流公司能够调度的车辆运力不足的情况下，如何保证 A 公司的货物能够尽量按照要求到达指定收货方？这就需要物流公司与 A 公司协商，采取一些先拉部分货物、协商是否可晚点收货等诸多灵活方式应对。这就需要物流公司在捋顺不同流程的基础上，不断提出方案来解决这些问题。

还有一个非常重要的场景，就是 A 部门发出出货指令给承运物流公司，例如要求这个指令发出的第二天就要配送，那么对于该承运物流公司来说，今天晚上就要调度合适的车辆，安排送货事宜。这些都会让物流调度人员伤脑筋，尤其是对于一些依靠外部运力的物流公司来说，更是如此，因为要通过各种渠道寻找合适的车辆、谈价钱、要求到指定地点取货、路上承运还要跟踪，等等琐碎的问题和各种情况，随时都可能发生。

以上这些不同的场景叠加，导致整体场景非常复杂，这也是很多传统供应链市场的一个通病，尤其是对于一些小的供应链管理公司来说，急需梳理这些流程。因为之前人工的投入跟踪和反馈，依赖的基本上都是通话（现在基本上依赖的都是微信），邮件都很少用（尽管可以做到追溯，但是对于需要随时解决问题的沟通来说，邮件时效性不够）。工作衔接开展的沟通基本上都是口头上的，沟通记录追踪和反馈极易缺失或被遗漏。因此，物流供应链行业很多从业者叫苦不迭。

当前，技术的运用在解决这些场景方面提供了很好的流程梳理效用。因为以上的场景中，流程理顺的一个很重要的前提是信息的共享，且这些信息能够被很快地调取到。例如传统物流的很多信息都是靠人工记忆的，效果极差。后来微信面世之后，大家基本上都是利用微信进行信息的传递知晓，但是大量的信息传递，有可能会将某一条当时需要的效用信息淹没在大量的信息中，获取效率就会非常低。微信尽管有搜索聊天记录的功能，但是关键词的记忆，对于每天处理大量信息的参与人员来说，也是一个巨大的考验。系统能够完成这类流程的梳理，并且通过权限设置的功能，将每个参与者对应的想获得、想查看的信息基于推送进行展示，这样就避免了大量与己无关的信息对其干扰。

对于以上场景，系统的设计或许可基于以下思路。

A公司分公司下单（采购单）给A部门，其供应商要生产货物，在系统设计时，要同时将这个采购单推送到物流公司的系统中（当然要设计一个下单系统，进行网上下单。这个系统可以是A公司的系统，也可以是该物流公司开发的系统。只不过不管是哪一方的系统，都要进行账号和密码的设置，分配给属于每个参与者的统一操作界面，当然这个界面可以是统一的，也可以是不同的）。

当物流公司收到推送过来的采购单时，就会自动跳出要出货的明细，这个出货明细要匹配存储仓库的库存信息，生成事先设计好的出库单，该出库单包括产品名称、规格、品类、数量、收货地址和对方的对接人、联系方式等字段。这个出货明细单如果是灰色的（事先应进行设计），则不能单击事先设计好的"确认出货"按钮，因为这时候A公司的供应商还处于生产采购单上面载明的产品的阶段，中转仓库还没有收到该货物。因此，该中转仓库是没有这些货物信息的。如果这个出货明细单不是灰色的，表明是可单击的，那么可单击"确认出货"按钮的前提，就是这个中转仓库已经有了A公司采购单上面的货物信息了。

当单击"确认出货"时，系统会自动将出货信息推送给物流配送系统，那么意味着这个流程已经流转到物流端了。

需要注意的是，当 A 公司分公司下了采购订单给到 A 部门且这个信息在同时传输给该物流公司时，物流公司就可以先行调度了，这样同步进行的效率会更高一点。因为无论是 A 公司供应商是否将货物发往中转仓库了，物流公司同步进行调车的时间就是第一时间。这样就避免了 A 公司分公司下了采购订单给到 A 部门，A 部门与物流公司的实际对接人没有及时将货物出库信息发往物流公司进而导致延误的可能。也避免了当天晚上才将该采购订单发往物流公司，物流公司紧急调度进而带来的诸多不确定性的风险。

当货物到达中转仓库，物流公司的调车也已经配置好了，当仓库装车完毕时，单击"确认出货"按钮；当车辆信息配置好后（在系统中自动匹配或者根据最优方案手工输入完毕。当然这个车辆信息的自动匹配是有难度的，因为不是固定司机，不可能随叫随到，所以自动匹配功能的实现，一般也是针对长期合作较好的司机，大部分不能随叫随到。在这种情况下，还需要设计一个手工输入的功能，支持最优方案的手工输入，毕竟因为不是自有司机，系统自动匹配出来的方案不一定是最优的），则可在系统中单击事先设置好的"与收货方确认配送"按钮，操作完毕的同时，将向下游收货仓库发送提示框，提示框内容涵盖货物名称、货物规格、送货地址、预计送达时间和司机信息等。特别需要注意的是，只有当下游收货方对接人收到这个提示框，单击"确认"按钮时，这些确认信息同时返回系统中，各方都可以看到，这个时候，在系统中单击"对方同意配送，正式配送"按钮，则物流车辆就开始运输[1]。

以上是一个比较简单的系统需求，也可以说是一个比较简单的流程梳理。可以说，系统解决了之前人工对接带来的各种问题，让整个流程变得通畅起来。不同的场景衔接就比较高效了。

尽管技术的运用，很难将所有的场景都形成一个标准化的流程，但是如果标准化实现了 60% 以上，那对于这个公司而言，已经是极其了不起的成绩了。尽管即使用技术的方式也实现不了 100% 的标准化，因为商业行为的不确定性决定了技术系统的开发也需要冗余留存一些特别的应急空间，但是无论如何，技术的使用，让很多传统的繁杂场景变得清晰起来，场景因此变得标准化了。

2.2 资本驱动是一种较快速的场景构建方式

资本驱动是一种非常快速的建立目的场景的手段，尤其是从新浪在 1998 年正式获得 650 万美元国际风险投资开始，之后国际风险投资进入中国的序幕才慢慢被拉开。自此之后，中国获得了风险

---

1 因为在传统的物流行业中，将货物发送到下游仓库，但是往往遇到不卸货的情况。因为当时库存的原因，只有等库存缓解了，才会卸货，导致让司机等待的时间很长。所以设计这个功能时，能够让收货方有一定的时间来评估库存，当其觉得库存冗余足够的话，就可以单击"确认"按钮，那么之前所说的时间等待周期过长的情况，就可以在最大程度上避免。

投资能力超强的国际风险投资机构的关注。相比于 1998 年之前，以国家队主导的风险投资能力不足 40 亿元的情况而言，1998 年可以说是中国进入投资市场的一个重要的分水岭。

在资本的大力推动下，中国的互联网企业获得了高速发展，在这 20 年间，去美国 IPO 的企业层出不穷。新浪、搜狐、网易、百度、第九城市、金融界、携程网、前程无忧、蓝汛、中网在线、世纪互联、欢聚时代、京东、途牛、迅雷、陌陌、寺库等几十个公司在纳斯达克上市。搜房网、易车网、人人公司、网秦、凤凰新媒、唯品会、兰亭集势、58 同城、500 彩票、汽车之家、AMC 院线、猎豹移动、聚美优品、阿里巴巴、宜人贷、搜狗、拍拍贷、趣店、华米等这几十个公司在纽交所上市[1]。

随着中国互联网公司的发展，场景逐渐成为互联网行业的一个重要的开发对象，无论是共享经济、无人经济、网红经济、零售经济，或多或少都包含社交的影子。这种社群的营销方式，曾经在互联网经济大行其道时，产生过巨大的影响。一批草根自媒体甚至都崛起了，并且也通过粉丝社群的方式，来撬动流量，进而通过内容或者广告的方式获取收益。

社群天然地带有场景的特点，毕竟都是人与人之间的网上行为，只不过商业的形式被契入进去了，人的某种行为形成其实在传统时

---

1 《互联网二十年：从资本驱动到资本拉动》，成春视角，2018 年 12 月 12 日。

代是一个很长期的过程，但是一旦形成之后就很难被打破了。但是在互联网时代，这个过程通过资本的注入，路径会缩短，形成的周期也会非常快。这就是为什么在互联网时代，总是说增强消费者的"黏性"，提高消费者的"忠诚度"，这些词汇在本质上，其实就是将人的行为模式固化下来，让其裂变的可能性降低一些、裂变的周期延长一些。因此，对于商家来说，获益的周期就长一些。

互联网的各种技术应用，让每个个体都有了展示的舞台和机会，而且关注的人员数量、关注内容、关注途径等，都可以通过技术的手段进行追踪挖掘。只要能将这些关注者的行为分析出来，那么商业手段就有契入的可能。只要能分析出来行为，并且找到了商业模式，资本的注入就能快速地将这种商业模式催生出来，获得盈利。

例如共享单车就是被资本快速催生出来的一种商业场景，通过骑行来完成最后一千米的这种情况，适用于面试、短距离出行、健身、日常代步等诸多日常场景。从这点来说，共享单车的使用频率，理论上也是非常高的。只要使用频率高，那么场景的商业化的程度就高，因为本身共享单车的扫码骑行，在后台堆积的都是互联网时代最有价值的数据。

或许是因为以上逻辑，资本大量注入，觉得这是一个风口，几乎在一夜之间，遍地都是共享单车，资本的强力驱动让这个行业变得极为冒进。当然这种快速的资本驱动方式有可能打乱从业企业的经营思路，强大的资本话语权让正常的企业经营陷入唯资本论的无奈境地，但是不管如何，通过资本驱动的方式，整个场景被快速地构建起来，消费人群接受这种新鲜事物的能力也提升得非常快。

还有一种商业模式就是无人经济。因为人的行为中对于新奇事物的好奇之心是永久存在的，加上技术的手段，消费者的购买行为完全处于一个闭环的状态中，选购、支付、路线监控、眼光停留时间等，都可以实现，所以这些"黑科技"的应用，在很大程度上让无人经济赚足了眼球。为了培育这个消费场景，资本也是大量进入这个新零售的细分业态中，催生了大量无人经济的商业形式，例如无人商店、无人医院和无人餐厅等，相关的场景被构建得非常迅速。

直播行业也曾经获得了资本的关注。直播是一种借助视频化进行盈利的商业模式，社群经济的特点非常突出，直播行业涉及的场景非常广泛：情感婚恋、体育、娱乐、生活状态、美食和购物等，基本上生活中可以视频化的行为都可以在直播中予以体现，所以场景化的特点非常强。这个行业通过资本的涌入，大量的直播平台纷纷崛起或者兴盛，直播行业逐渐成为一种较为常见的商业模式。

资本的驱动让直播场景向着更加广阔的场景方向发展。例如，移动直播的兴起不但催生出泛娱乐内容，同样也带动了各个垂直领域的直播兴起；微吼所代表的服务 B 端的企业直播，淘宝和小红书所代表的电商直播以及 VIPKID 代表的教育直播，多元化发展让移动直播真正站到了风口浪尖[1]。

---

1 《直播行业的生死决》，余德，2018 年 11 月 2 日。

资本的驱动能够让场景快速地建构起来，虽然有的带有非理性的影子，但是"赚快钱"往往成为当时市场上的一种搅局方式，把创业者、从业老兵，或者这个市场上的入局者都裹挟进去了。导致所有人的印象非常直接，即资本对于长期的商业基础夯实基本上是没什么耐心的。众多有志于或者正在从事直播业务的企业都希望快速获得回报，导致大量的直播场景被建构起来。因此，场景的构建时间非常短。

资本确实能够让市场上的一些商业场景快速构建起来，但是对于很多从业者而言，快速的资本进入，有可能将运营者的经营初衷打乱，这也应该引起众多从业者的警觉，或者关注。

2.3　人群行为的盲动性

当前的一些商业场景，在很大程度上都是因为人的行为中存在无知和盲动的天性，进而形成的。

因为在信息时代，群体行为表现出来的无知和盲动性是非常明显的。信息的便捷交互和无障碍连接，让传统时代几乎很难实现或者要花费高昂成本的意见集中，在信息时代很容易实现。因此，人的行为中的无知和盲动性的特点，就凸显出来了。

当前这个时代，当海量的粉丝集聚起来，并最终创造出天量的盈利时，我们需要警惕的是，如果这种群体经济行为走向极端，非正常的经济行为形成的破坏力有多大？

勒庞认为，群体行为从来不具有理性，大量的个体积聚起来，其总体的智商较之单个的个体处于较低层次，非理性总是和群体联系在一起，盲目性的行动总是会在群体中产生，他不无悲观地将这种群体称为"乌合之众"。

从产业发展的历史阶段来看，互联网时代的出现预示着个体生命终于以一种独立的力量登上了历史舞台，但是这种力量最明显的作用发挥就是消费。不管如何，这都是历史进行到当代表现出来的伟大之处。以前的产业阶段，个体的消费影子从来没有像今天一样受到市场的关注和青睐。互联网时代的热词——群体效应、粉丝经济、入口垄断和痛点等，基本上都是针对群体而言的。市场深深了解群体所具有的巨大消费能力，所以博得群体的青睐，才最终有赢得天量盈利的可能。

一种产品在投放到市场时，细微的吸引力就能在短时间内积聚起大量的个体，群体的盲动性因此变得非常明显。所谓的产品黏性到底有多"黏"，用户忠诚度有多高，所标榜的自己为某一产品的粉丝，这种粉丝的含金量有多少，基本上都会让人怀疑。我们也看到当前一种场景的构建，其持续的周期非常短，甚至用现在的话说，就是"刷屏"，但是这种类似于"刷屏"的展示，也只是在屏幕上停留一两天。传统时代中，从来没有哪种以"热点"为商业追逐目的的商业模式，如同现在一样，持续的周期是如此短暂。

因为互联网时代所生产的产品形式如此多样，海量的选择也降低了产品使用者的忠诚度，更何况为了获得黏性，其实要求粉丝的忠诚度更高。所以，在当前时代，群体消费的盲动性非常明显。当大量的用户扑在一种产品上时，绝不意味着别的产品就无法与之竞争了，恰恰相反，这样的竞争才刚刚开始。因为群体的盲动性降低了其使用黏性，他们使用该产品的理性因素到底占据多大比例，基本上让人难以乐观。群体随时都有转移使用目标的可能性，且这种可能性非常大，这种情况也随时都有可能发生。一种产品带来的群体欢迎度越热烈，那么群体放弃使用这种产品的愿望也将越强烈——其他产品的生产厂商或者销售商家绝对不要失望，因为这是个机会。但是，很多商业从业者往往以赚"快钱"为目的，哪里有热点就往哪里投入关注，根本没有耐心做好自己的产品或者服务，这种情形其实对于企业的生存而言，是非常致命的。

舍恩伯格在《大数据时代》中认为，大量数据的产生，使得数据之间的因果性变得没有以前那么重要了，事物之间的联系性正在变得越来越重要。塔勒布在《黑天鹅》中认为，不确定性导致这个世界发生裂变，很多时候，绝大部分的事情是难以预测的。群体行为的盲动性基本上也符合这样的特点。

群体消费能力产生了海量的数据，这些数据成为商家分析群体消费行为的基点，用于指导其运营。但是群体行为的消费能力真如大数据说的那样，能被预测到吗？到现在尽管出现了一些运用大数据预测消费的案例，而且取得了很好的效果，但是这种成功的案例也只有几个例子，并不具有代表性。群体盲动性充满了不确定性，若如塔勒布所言，不确定性果真存在的话，群体行为的不确定性到底能否用大数据来预测，并用以指导商业行为，这是个未知数。大数据能预测商业行为，只不过是借助了事物之间的联系性，并最终取得了一定的商业效果。那么对于占据绝大比例的不确定性，并由此导致的群体行为的盲动性，该怎么预测呢？想必这也是一个难题。

在互联网时代，群体行为的盲动性导致商业环境的变幻多端，所以每个个体都有机会，但是每个机会又是那么不可捉摸，这种看似非理性的商业环境很好地诠释了塔勒布的不确定理论。

群体行为的盲动性很好地体现在粉丝经济上，例如有的粉丝对于一个明星的热爱，刚开始称其为粉丝，后来称其为铁杆粉丝，后来逐渐演变为骨灰级粉丝，直到现在又出现了亲缘性社交称呼，例如称某明星为"妈妈"之类的，盲动性体现得淋漓尽致。

对于企业经营者来说，好像不借助当时的这种盲动的风气，企业就会处于不利位置，所以大量的企业经营者纷纷投入到这个阵营中来。格力的董明珠似乎成为了格力的明星代言人，那么很多中小企业也在打造以企业经营者或者老板为商业场景主体的网红 IP，这样就偏移了企业经营的本质。因为商业场景的建立虽然需要结合这么一些营销的手段，但是，很多企业经营者却将这些手段看成是经营的无上利器，从而将其拔高到一个很高的高度。

在很大程度上，群体行为的盲动性是必须要承认的事实。虽然企业经营者在经营企业的过程中，需要尽量避免陷入盲动的惨境，但是针对世俗市场的商业场景，确实也是众多企业开展业务所从事的主业方向。也就是说，针对人性的弱点开展商业模式，也是商业经营的形态之一。但是需要重点强调的是，针对世俗市场的商业浸入，和企业本身要避免盲动经营是两回事

互联网时代确实喧嚣吵闹，这个时代的一些商业经营者，在关注商业场景时，取得的成功模式，在某种程度而言，即最大可能地满足了消费者的现实消费需求，这对于传统企业而言有时是难以做到的。例如就以客户拓展而言，传统企业的客户开发，基本上是分片区的形式，客户的维护也是通过单个形式实现的，交易成本极高，且最终效果难以保证，机会成本也较大。

当今互联网时代，对市场全局性的总览变成了企业开发市场的首要要求，因为互联网的迭代速度之快，已经远远超过了企业转型的速度，企业需要用极快的思维速度跟上时代，并应快速地做出反应，否则还没来得及转型或许就落伍了。在这种情况下，市场的开发也不再是片区形式的，客户的维护也不能再依靠传统的逐一维护的方式进行了，而采用的是打包的形式：病毒式的营销、模糊性的市场定位、经营理念的快速运用以及短暂计划的快速实施等手段。具有互联网特质的企业或者其本身就是互联网公司的企业，总是

用这种打包的快餐形式来挖掘市场——市场有需求没需求，"先打一杆子再说"。这些企业运用的是先得到结果，再调整策略的市场营销方式：如果市场的消费成绩还不错，那么继续按照既定方向经营；如果市场的消费成绩差，那么再快速找寻别的路径，至于消费成绩差的原因，则给予考虑的周期非常短。这和传统的市场中运用的定位市场、寻找策略、失败分析等产品销售流程大相径庭[1]。

传统的市场，产业组织形式难以将某个行业的产业链中蕴藏的信息挖掘出来，一没数据挖掘手段，二辨别不出有效信息。二者共同导致了没有可供消费者选择的用以指导其消费行为并由此促成消费结果的信息，所以消费的活跃度低得离谱（除非垄断）。当今互联网因其开放性，信息不再是一种稀缺资源，反而变得非常廉价，所以从某种程度而言，传统的产业时代和当前的互联网时代，对于什么东西是有效的，就存在二元的认知差异。当今，消费者通过选择自己认为有用的信息，进而根据这类信息指导自己的消费行为，最终，消费的结果予以促成，这个过程极为短暂，因为这种消费行为无非是选择数据并达成交易，整个流程非常简洁。海量的信息数据由此汇集了大量的消费者，流程的短促又能快速达成交易，最终，

1　目前这种情况正在发生改观，不过确实在 2014—2018 年这段时间，互联网市场上的聒噪四起，当时的商业模式太多了，以至于很多企业选择了与其在产品打磨上投入时间，不如在市场投机方面下足工夫。这也是任何时代背景下聒噪的市场中存在的普遍现象。之前所谓的"雕爷牛腩"、泡否，走的全是这样的路子。不过等到市场上沉静下来之后，从业者的思考也会成为一种普遍现象。市场上不乏想做事的人，但是市场上更多的是沉不下心来的人。所以当前这个阶段，逐渐出现了一些从"反传统"到"返传统"的现象，这是值得欣慰的。

传统的消费流程场景就被改变得非常快。

　　数据之间的联系性又使得消费行为呈现出较为个性化的特点，传统的企业，产品质量就是企业的生命，是企业生存的命脉。当前的互联网时代，产品更多的是一种具备了传达某种理念的介质，或者说是商家达到某种商业目的的载体。对于有的企业家来说，之前的产品实物不重要了，他们认为产品的定义发生了变化。例如，有很多人去星巴克喝咖啡，并非是由于星巴克的咖啡确实好喝，而仅仅是因为星巴克店里有 WiFi，咖啡反而成了顾客塑造的一种享受 WiFi 独特意境的介质罢了。

　　互联网时代，无论是营销的快速迭代化，还是消费流程的简洁化，或消费的个性化，都说明了互联网的伟大之处，就在于它将市场变得世俗了，每个人都可以根据自身的情况，最大可能地参与到这个世俗的市场中。传统的市场并不具备全民参与的特点，消费者只能被动地选择某种产品，而且这种产品还是物理形式的。所以之前的所谓粉丝经济、群体效应和网红社群等，说明了全民消费的半径不断扩大，参与消费的群体也老中青全包，世俗消费正在席卷这个时代，这也是商业世俗化的一种突出表现。

　　商业模式中，场景的构建有时候是因为人的或者人群的盲动产生的，但是不一定说明它就是坏的，因为该类场景的产生，本身就是世俗化的一种表现。需要注意的是，无论是哪种商业模式，商业经营者都要努力探究其形成的原因，看清楚这种场景的构建到底是基于什么逻辑，而不会因为看清了其中的逻辑，反而因觉得太世俗了就放弃经营——获取到商业的本质规律和正当从事某一种世俗意义上的生意是两回事。但是一定要认识到盲动的世俗有可能会产生坏的结果，在这种情况下，做好准备就足够了。商业场景不排斥正当从事任何生意和面向任何市场，但是好的商业场景一定是排斥盲动性的，尤其是不能从事恶场景。

另外，还需要注意的一个点是，如果商业场景是建立在人的行为的盲动的前提下，那么这个商业周期一定是短暂的。但是如果期望在这种盲动的环境中"浑水摸鱼"，则一定会付出代价。2015 年出来的那些概念，加之以端口、流量等名义的一些商业模式，其结果已经足以说明了这个问题。

群体盲动带来很多非理性的消费行为，也催生了很多非理性场景，或者是一些恶场景的商业场景模式，如何看待这种群体的盲动性，这便是当下互联网带给人们的一个极具思考意义的现实问题。

第3章

场景的代表："新消费"场景

03

　　场景有一个很重要的特点，就是连接的内容越多，场景就越丰富。例如传统时代的零售场景为什么那么单调？本质上就是因为连接的内容太少。例如一个小卖部，连接的主体就是一些生产厂商、消费者，营销、后台的管理、涉及的产品库存等，都没有容纳进来。如果将现在遍布城市各处的便利店当成城市小卖部的话，连接的内容就比较多了，那么场景就非常丰富。因此，很多投资机构、零售商将便利店当成是一个智能终端，出现了很多无人便利店、网红小店等，本质上是各种连接的内容非常丰富了。支付、产品营销、库存分析、物流配送、仓储管理等，都被连接进来。一个小小的便利店或者商品超市，其实在新的时代背景下，被连接进来很多层次丰富的内容。因此，在这种情况下，追踪消费者就比较容易，商业场景的构建就有了前提。

　　目前，"新消费"是一种场景非常丰富的代表性商业理念。

3.1 "新消费"场景的内涵

"新消费"概念的提出，追溯根本，其原因与中国的消费经济严重不振有关。从供需的角度来讲，中国经济的高速发展是和我国的人口红利分不开的，巨大的消费人口基数使得商品的供给速度跟不上消费人群的"胃口"，这种"短缺经济"让中国的消费市场始终处于一种粗放的状态："有用"和"能用"成为了传统市场中消费者的消费主旨和消费观念。加上以政府投资为主导的经济发展方式，基础建设的热情始终处于蓬勃状态，造成了众多行业产能过剩，经济增速渐趋放缓，中国经济面临着前所未有的新压力。

在这种情况下，"新消费"概念的横空出世，可谓恰逢其时：一方面，粗放的发展方式需要消费来进行刺激，以便向更加集约的方向转型；另一方面，只有转变消费观念，提升消费质量，才能有效改变"有用"和"能用"的传统消费主张和消费观念，推动市场在降产能的同时，开拓出一条可持续发展的精细化改革之路。

2015 年 11 月 23 日，国务院印发《关于积极发挥"新消费"引领作用加快培育形成新供给新动力的指导意见》(以下简称《指导意见》)，《指导意见》的实旨是呼应同年 11 月 10 在中央财经领导小组第十一次会议上习近平总书记提出的要"着力加强供给侧结构性改革"的要求，目的是要去产能调结构，最终完善产业体系。

在这种情况下，"新消费"的内涵其实已经发生了变化，不再仅仅局限于"有用"和"能用"的简单范畴，而是被赋予了新的深刻内涵。

"新消费"的作用已经被提到了去产能、调结构、完善产业体系的高度，说明我们之前理解的局限于"购物消费"的观念已经过时了。随着互联网时代的到来，各种信息服务、情感服务、生活服务大部分都可以被有效地融入对消费者消费行为的研究中去，消费不仅仅是一种实体的购物方式，更是一种为了契合消费者本体而进行的心灵之旅。这种对于消费者本身进行的全方位的实体产品获取、情感体验满足、行为轨迹追踪、好恶标的产品的精准推送、消费行为的深研等满足，都在彻底诠释着"新消费"的内涵。

"新消费"的内涵之一，是能够完美满足消费者本体的"直觉"。在传统时代的消费，基本上很难满足这种直觉，因为"直觉"的本质，其实就是满足消费者的愉悦感，让消费者更能从消费的场景中获得快乐。传统时代的售卖场地，都是很死板的，售卖的方式有小卖部、大卖场、超市和路边摊等，布置的场景单调乏味、千篇一律，很难让人产生愉悦的购物体验，场景层次不丰富。消费者为什么买某件产品、购买后产生了多少幸福感、能否从产品中很随意地选择到自己喜欢的产品、冲动消费的标的购买物能不能获取到，在传统时代都是很难得到保证的。

但是在"新消费"的时代条件下，以上所有消费行为都可以便捷实现。人们可以从电商网站、线下商超、无人超市、微商、社群带货平台、个人代购渠道和社交直播平台等众多细分的售卖方式中得到他们任何想要购买的商品，而且众多平台的售卖形式，融合了广告、文案、视频、语音、话题传播、社群营销等诸多元素，传统死板呆滞的"购物消费"，变成了一场充分触动视觉、听觉等全方位情绪观感的"盛宴"，消费者的直觉消费，至少在不同的渠道构建的不同场景中得到了彻底满足。

例如，"打赏"就是一种触动了消费者的某一种直觉进而产生的一种消费举动；又或者是遇到开心或者不开心的事情，通过在不同平台上进行互动式的购物，让消费者自己内心潜意识的某一种情绪表达得以展现；还有人们平时见怪不怪的即时消费、情绪化消费等，都是对于消费者"直觉消费"的满足。

其实早在 1972 年，美国学者 Tauber 就探索了消费者上街购物的动机，通过研究发现，消费者能够通过消费行为的实施，来满足自身获得愉悦感的渴望，或者体验其作为消费者的权威和地位，或者进行自我感官刺激。因此，从某种程度上，消费者的消费行为，更多的是一种对自身某种感觉的满足，是一种对于自身当时心情的表现。在"新消费"时代，各种消费平台和满足消费者心情的手段非常丰富，供应的商品除了空前丰富之外，也通过大数据等多种技术手段的运用，生产出来的产品被赋予了很多意义。构建一种有效场景的元素空前繁荣。消费者因此获得了无比尊贵的地位，产生了"用户资本主义"这样的称谓。因此，"直觉"消费的满足，是"新消费"概念的重要内涵之一，因此其更加关注人这个主体，这与传统时代更加关注简简单单地卖东西，具有本质的不同。

关注了人以及满足了人的直觉，反过来才会出现多种形式的、契入了多种元素的售卖平台，整个市场空前活跃起来，商品消费频率和消费力度大大提升，产能下降，"新消费"主义得以快速崛起、推进。

"新消费"的内涵之二，是能够促进多产业高效协同。传统时代的产业基本上是很难协同的，例如一家产品生产商，其库存的多少完全取决于其合作商售卖产品的数量。合作售卖商销售产品的多寡，在很大程度上取决于"天意"，因为并没有当前的众多技术手段对消费者的消费行为、消费喜好、消费习惯进行追踪。因此，对于产品生产商到底该生产哪种商品、生产多少、什么时间生产、产品如何细分、什么时间配送、定位的消费者到底是哪一类消费群体等一系列的经营规划并没有一个清晰的反馈。所以，传统时代的生产商和其合作商，不是库存高得惊人，就是库存不够。更别说在产品满足人的情绪消费上或赋予产品以某种意义上做文章了。

因此，在传统时代，多产业的协同基本上是一个很微茫的梦想。

当前的时代背景下，多产业协同正在被构建起来，且已经发生了翻天覆地的变化。

下面以供应链为例来阐述一种产业协同的场景。

例如一家餐饮公司与众多的供应商进行合作，供应商提供多种产品供应该餐饮公司。该餐饮公司并没有自己的物流和仓储服务，采用的是外包的形式来满足其配送和仓储的需求。因为这家餐饮公司在全国开了很多分店，所以还涉及一个产品分拣配送的环节，以便实现从某一个或几个仓库将原料通过分拣后配送到全国各地指定分店的目的。

我们看到，这其实就是一个供应链产业协同场景的例子，其中涉及餐饮公司、供应商、分拣商、物流服务商和仓储服务商 5 个主体。当该餐饮公司的某些分店根据其经营情况，显示缺少某一种原料了，就采用下订单的形式告知该餐饮公司，该餐饮公司相关部门根据这个指定的订单，通知其某个或者某几个供应商供应相关产品。不同的供应商分别配好相关的产品后（有的供应商开始生产这类商品，有的供应商也要采购该类商品），通过自有物流或者合作的其他物流公司，将产品在指定时间内送到该餐饮公司指定的合作仓库中。该指定合作仓库通过合作的第三方分拣公司的驻库人员，在规定时间内分拣完毕后，通知该餐饮公司的合作物流公司进行承运，在订单规定的时间内，送达下订单的分店所在的城市中合作的下游收货仓中，然后再进行配送（这时的物流配送公司可以是该餐饮公司合作的同一家物流配送公司，也可以不是），直到最终完好送抵该分店。

这里面涉及 6 个重要的环节。

（1）该餐饮公司某分店或某些分店下订单。

（2）供应商生产或者配置该订单上面的商品。

（3）供应商自己或者通过合作的物流公司运送相关产品到该餐饮公司合作的指定收货仓库。

（4）指定收货仓库分拣产品。

（5）出库装车，物流公司承运到某分店或某些分店所在城市。

（6）配送到指定分店。

以上6个环节都是环环相扣的，时间周期要求非常紧张，需要协同管理。如果不协同管理的话，可能会产生非常多的问题：供应商在指定时间内生产不出或者配置不出相应的产品怎么办？供应商将货物送到该餐饮公司指定的收货仓库后需要卸货，货物破损怎么办？送过来的货物不排除分拣出错的可能，或者恰好是深夜，分拣不及时怎么办？物流公司承运的货物在路上出现了超载或者遇上限行等种种不确定的事件怎么办？分店所在城市指定收货仓库因为库存的问题迟迟对已经送达的产品不卸货怎么办？或者卸货后不出库以致过了保质期怎么办？出库装车到达门店的路上发生状况未及时到达怎么办？等等。

从以上诸多问题可以看出，这个供应链的5个主体需要完全的协同，这样才能更好地将原料从生产商端到达分店端，只有这样，构架起来的场景才是有效的。整个过程对于每个主体的时效性要求非常高。一个环节出现了问题，整个环节将出现问题。如果整个环节的协同没有做到位，那么下游最终的消费者就消费不到该原料制成的商品，或者体验极度不好（如果分店将质量有损的原料收下了，并做成了有瑕疵的商品卖给了消费者），在这种情况下，所谓的消费升级，就成为一种空话、套话和假话。

因此，只有通过以上例子中 5 个主体所代表的 5 个行业来协同，形成一种信息实时共享（例如订单下单时，就应该第一时间能够被物流公司看到，这样便于先行做好调车准备。防止该餐饮公司等到供应商将货物送达指定收货仓库后，才发送配送信息给该物流公司，这时候物流公司调车就非常紧张）、管理实时跟进（例如分拣如何降低错误率，需要管理手段的跟进）、突发情况予以规避（例如该餐饮公司某分店所在城市的指定收货仓库因为库存原因不收货，让承运司机长时间等待，可在物流公司开始配送之前，将包含原料明细、预计到达时间等信息推送给下游收货仓库让其确认是否配送，以便其提前做好收货前的安排准备工作）的高效协同机制。

如果整个协同机制非常好，那么不但能够大大降低每个仓库的库存，而且也表明这条供应链中的每个参与主体管理都比较完善，这样整条供应链运转的效率就非常高。最终的结果就是，能够有效满足最终消费者的消费需求乃至体验。也就是说，只有产业协同做得好，消费升级才会逐步推进，最终实现"新消费"。"新消费"的实现，也会反过来促进整个产业体系逐步完善。

故"新消费"另外一个最重要的内涵，就是能够促进多产业高效协同，构筑起一个较为完善的协同场景，最终达到完善整个产业体系的目的，一举打破传统产业协同低效的状态。

"新消费"的内涵之三，是能够用技术的手段推动服务走向标准化。在当前阶段，无论是有形的产品还是无形的服务，其实都可以用服务的好坏、高低来衡量一个公司的整体实力。对于一个公司服务能力优劣的衡量，最重要的一个指标，其实就是是否用技术的手段，使其公司的服务走向一个比较标准化的过程。

例如，在上述论述"新消费"内涵之二时，所列举的供应链的例子，里面涉及的一些产业协同的问题，完全可以用技术的手段予以解决，虽然还不能完美地解决，但是至少可以将传统线下操作带来的风险规避掉很大一部分（在某种程度上，技术不能穷尽解决所有场景的问题，因为场景是由人的行为形成的，人的行为具有不确定性，所以场景也具有不确定性，技术在解决这个不确定性方面，具有天然的缺陷。因此，从某种程度上，一个公司如果能将服务做好大比例的标准化，其实说明管理已经非常高效。

如果以技术的手段搭建了一套系统，那么这个系统后台的所有数据都是极为珍贵的。例如，可以选取一定周期，分析其中的所有配送原料，通过配送量对比，就能够确定哪一种原料是消费者最喜欢的；还可以通过分析订单的下单时间，就可以确定什么时间段订单下得比较集中，这样以便提前做好备货准备，且可以预估备何种品类的货物；或者，可以以一定周期为限，分析哪一个分店的配送量是最多的，这样可提供给该餐饮公司，为其经营决策提供依据；还可以下游收货仓库卸货时间为维度，来分析下游仓库的卸货时间到底分别集中在那个时段，等等。

通过这种从不同维度进行分析的大数据，至少可以对整个供应链关联的不同行业有一个整体认识，可以对市场的未来走向有一个比较整体的预判，最终为企业的经营思路提供一个数据性的参考。

对于消费行为的追踪，对于消费者的理解程度深不深，其实和整个产业的走向息息相关。消费者到底是怎么想的，决定了不同产业到底该怎么走，未来将走向何方。系统沉淀的数据其实追本溯源，就是消费者的消费行为在不同行业的经营中的一种变相反映而已，所以对于这些数据从不同维度进行解读，就能更好地知晓消费者到底在想什么、想干什么、想怎么干。企业的经营思路，如果知道了关于消费者的这些行为，那么经营就会更加具有目的性。企业和消费者个人的这种对称性的加强，就会将二者之间的不必要的鸿沟在最大程度上予以抹平。企业提供的服务，那么在很大概率上就是消费者想要的东西，这个市场的效率就提高了。

因此，系统化能够让整个市场的发展更具"人性"，它能实现对人的深度理解，系统化其实就是一个标准化的过程，因为系统是按照之前设定好的标准来设计的。通过这种标准的设计，能够累积大量的数据，消费者可以说无所遁形，最终让"新消费"得以实现。

无论是满足直觉，还是促进多产业的协同，亦或是通过技术的手段促进服务标准化，都是"新消费"背景下商业场景更加人性化的具体实现方式，通过这些手段的实施，商业场景更加接近人，更"懂"人，最终导致商业场景内涵更加丰富，商业场景给人的想象力空间也变得更加广阔。

3.2　"新消费"场景的外延

还可以从以下两个角度，来谈谈"新消费"场景的外延，从另外的角度来理解一下"新消费"。

"新消费"的外延之一：一些场景细节，或许都预示着消费正在升级。消费升级的最终目标，其实就是达到"新消费"。关于"新消费"，有时候除了用理论和一些文献来分析其内涵之外，还可以通过一些发生在人们身边的事例，来体会一下"新消费"的本质。

列举这样一个真实发生在笔者身边的场景。

笔者在 2014 年，通过逛菜市场，发现当时卖白菜的摊贩为了让白菜卖出去，总是剥掉白菜外面的表皮，因为这些外层都不同程度地烂掉了。尤其是叶子，烂的程度比较严重。每个卖白菜的摊位旁边，都是一些烂白菜叶子，混杂着其他几种蔬菜的叶子。菜市场的垃圾清理人员每天都要清理好几车这种腐烂的菜叶。

通过和垃圾清理人员聊天，他们告诉我每天基本的工作都是花大力气清理这些烂菜叶，一天好几车。后来笔者又和摊贩聊了一下，他们说这些白菜都是用常温车运过来的，送达到菜市场时基本上很多白菜外层都烂掉了，为了卖个好价钱，只好将这些外层菜叶剥掉。

后来笔者有意识地去观察这个现象，发现菜贩剥掉外层菜叶的现象逐渐减少了；菜市场清理人员也说每天清理的烂菜叶较之以往逐渐减少了。摊位上面的白菜也逐渐保留了外层菜叶，因为外层菜叶尽管还是有一些斑斑点点，但是至少很少是由腐烂造成的。

后来笔者专门问了承运白菜的一些司机，也观察了一些承运的车辆，发现很多白菜在 2017 年时，已经开始用低温车辆进行运输了。低温车辆较好地保持了白菜的新鲜性，所以即使是白菜外表皮，也得到了很好保护。

在 2019 年时，尽管该菜市场还有一些烂菜叶子（不排除一些由于其他原因的损坏，例如搬运、运输过程中的损坏或者放置时间太久），但是清理人员基本上也不用什么铁锹进行大批量地清运了，有时候甚至只是用扫帚来清理一下菜场环境。在 2014 年大批量清理烂菜叶子的情况，似乎已经不存在了。

这个场景其实预示着消费已经升级了，消费者逐渐意识到食品生鲜的保鲜度应该成为其日常食用过程中的一个重要的衡量因素。

据相关数据显示，2016 年全国冷链物流市场需求达到 2200 亿元，同比增长 22.3%。2017 年冷链物流行业的变化也是极为明显的：冷库方面，产地冷库建设增多，冷藏库、保鲜库、气调库体量将有所增加；冷藏车方面，新国标 GB1589 的出台对规范和推动冷藏车市场发展提供了新动力；冷链物流体系也将逐步走向第三方服务[1]。

在 2017 年，冷链物流企业不断涌现，出现了众多社会化第三方物流与上下游强化合作、进行资源整合的案例。也出现了很多大型连锁商业企业完善终端销售的冷链管理案例，这样就有效推动了生鲜食品的集约配送向前发展。冷链行业在该年逐渐呈现出网络化和标准化、规模化的发展态势。尤其是在 2018 年和 2019 年，冷链行业的这种资源整合态势和管理整合态势不断完善，助推了冷链行业在产业协同方面获得提升。

冷链行业的发展提升了消费者的消费意识，让消费者能够很容易地获得更加新鲜的食品（甚至出现了常温货物用低温车辆运输的情况），"新消费"意识不断增强。当整个产业协同逐步走向高效的情况下，之前获取更加新鲜的食品的成本被降了下来，消费者自然也很容易获得了更加物美价廉的产品。因此，"更加保鲜"成为了消费者的意识。

还有一个比较明显的场景，发生在 2019 年。

---

1 《2017 年中国冷链物流行业发展概况分析》，中国产业信息网，2017 年 8 月 4 日。

对于一些长期从事物流行业的经验丰富的从业者而言，在每年的 10 月份，甚至在更早的 8 月份左右，市场上的冷链车辆是比较富余的，因为天气比较冷了，低温产品有时通过室外的温度就可以保鲜。在这种情况下，物流承运车辆的市场价格是比较低的。

但是在 2019 年，8 月份到 10 月份的物流车辆还是相当紧张，很多物流公司在做物流服务时，往往调不到车，它们从市场上得到的反馈是这几个月的物流车辆比较紧张。这种情况在以往的年份中是从来没有发生过的。

如果探究里面的原因，其实也和消费升级有关。当冷链市场发展得比较完善了，整个市场的消费者其实已经根深蒂固地认为，只有经过低温手段处理过的产品，才是放心的产品，他们才愿意消费。他们不管这时气候的温度是多少，只认为全程低温控制的产品才是最好的。

消费者的非理性消费是一种非常正常的现象，之所以消费者有这样的刻板印象，一个很大的原因是，2019 年，消费者的消费意识又上了一个新台阶。导致这样的结果，是因为本身整个冷链物流市场的生态已经更加完善了，消费者已经接受了冷链这个细分市场的完善化服务，消费者的要求因为冷链市场的完善，从而被提升到了一个新的高度。这样倒逼整个冷链市场打破了之前某一时段配送车辆的"待业"状态，整个市场就这样高效运转起来。

因此，一些日常的场景细节变动，其实暗含着整个市场体系都在发生变化，消费者升级态势也正在不断向更高水平提升。"新消费"态势不断凸显。

"新消费"的外延之二："新消费"的建立是一个系统化的工程，应严格摒弃单一思维。

前面说过，"新消费"不仅仅包含有形产品的"新消费"，也包含无形服务的"新消费"。网络消费、服务消费、农村消费和时尚消费等消费模式，都将对产业的转型升级起到很大作用。

消费者通过"新消费"来认识自己、满足自己。因此，所有的消费行为，其实本质上就是对于消费者自身特质的彰显，那么场景也肯定要满足消费者的这些特质。

需要注意的是，目前我国还没有完全进入到"新消费"场景的完善阶段（本质上也完善不到尽善尽美的程度），仍旧处于从传统的消费时代转为"新消费"的过渡阶段。在这个阶段中，一些助推"新消费"走入新时代的软硬件基础设施还没有完全跟上。

"新消费"的一个比较明显的基础支撑就是数据，目前很多行业的数据可以共享，针对一些产业协同而开发出来的系统，其数据共享的态势就非常明显。例如，包含了电商、物流、供应商、网络借贷公司四者的系统，一些数据就可以实现共享。如果一个人因为购买发生了一笔逾期款，就可能被四者记入内部征信档案，而这个行为有可能是该消费者并没有这个意识造成的——在很大程度上，因为当前我国个人信用立法不足、失信惩罚机制缺失严重、个人信用评估操作不规范，没有形成市场化的征信运作机制等种种情况，导致该消费者根本没有建立起这样的意识，并缺少相关的制度帮助。最终的结果是，消费者放弃在该平台进行消费或者谨慎消费，"新消费"推进的过程就比较慢了。

因此，"新消费"的最终建立，一定是一个全社会、全市场的系统化工作，"新消费"内涵中包含的许多场景，还有待不断完善。

故从这个逻辑上，可以确定数据共享是一个消除不对称的好思路，但是不能单单从一些大数据分析出来的结论中，就给某个消费者或者某一个行业进行定性。例如，就像上述的例子表明的，该消费者逾期未还款，从原则上而言是应该纳入征信系统的，但是正是因为整个社会信用立法不足、失信惩戒宣传不到位、信用评估不规范等多种原因，导致该消费者对征信的认识不足或者缺失。这应该是个系统化的工作，而不能全部怪罪消费者——尽管数据显示其确实逾期未还款了。

而且，有可能该消费者其他的消费行为都是非常健康的，人品也不错，只不过这些额外的东西并没有体现在他这次的消费场景中，数据无法评估而已。

"新消费"的建立，一定是一个系统化的工程。我们应该全方位地考量"新消费"体系的内在逻辑，切勿单一思维——完全依赖数据有时也不是万能的做法。

在面对商业场景时，有时候需要从上述阐述的商业场景的外延中，来判断某一种商业场景到底是不是合理的，或者其今后的走向将会呈现出一种什么样的状态，在很大程度上，对于新商业场景的思考，确实是需要一定的"体会"的。

3.3　"新消费"场景为什么这么丰富

当无人零售概念出现在市场上时，很多消费者觉得无人零售经济会成为下一个经济的风口，无人零售将主导未来的经济发展方向。这些论断言过其实的一个很重要的原因，就是无人零售最终也是需要人参与的，没有人的参与，纯无人零售从逻辑上来讲，也是走不长久的。

关于无人零售模式，或者对无人零售经济进行分析时，一个很重要的引用词汇，就是"闭环"。闭环指的是消费者从消费开始，到消费结束，整个流程中都有相关的工具介入，以此来帮助消费者进行全流程的消费和体验。其实从场景的角度来说，闭环的形成其实没那么容易，因为可以介入的内容非常多，这个闭环"闭起来"的困难非常大。

传统时代，其实也有闭环的。例如物流行业的业务模式。简单描述，就是物流行业的被承运人有货，然后找承运人承运，承运人将这批货物送到指定的目的地，最后在商定的时间内，被承运人付款给承运人，这个过程其实就是个闭环。也就是说，所有的商业行为都是闭环，如果不是闭环的话，那么这个商业场景根本建立不起来。

随着供应链的崛起，后来又随着互联网革命的兴起，商业模式发生了很大变化，很多行业壁垒通过数据共享被打通了。市场各行业人士对于"跨界"的重视，其最本质的原因是信息融通后很多行业障碍被清除了，跨界才有了很大的实现可能。原来不同的行业边界非常清晰，但是行业边界被模糊化以后，商业模式就有了彼此借鉴的可能。因此，多行业的融合产生了很多在以前从未有过的新场景。

"新消费"就是这样一个例子，多行业的系统融合、数据共享、消费者行为的多渠道监控等，让很多行业原来的闭环场景再也"闭不起来"，要"闭"，也是在一定周期内小范围的"闭"，因为"新消费"涵盖的范围太大了，协同进来的内容太多了。因此，想要在这么一个大范围的背景下闭环，基本上是不可能的。

"新消费"的场景会不断地涌现出来，也在不断地变动过程中，衍生的边界根本找不到在哪里。

另外，因为连接的内容太多，内容与内容之间的交互也就非常多，场景的构建途径就会呈现出多种多样的状态。

例如，处于新经济背景下供应链协同中的企业家，就要不停地发现商机。这些企业家无论是长期经营还是短期经营，基本上每天都处于竞争的状态中。无论从采购到生产，通过制定营销方案，最后通过实际销售，整个管理环境都是竞争性质的——"他不仅在做出购买其产品所需资源的决策时面临广泛竞争，而且在购得资源后仍继续面临同样的竞争，因为他并没有取得整个资源供给的独有控制权。我们可以预期到，如果他的生产结果真的是有利可图，其他企业家早晚也会进入到这个领域侵蚀他的这种企业家利润"[1]。在这种竞争压力下，企业家们就要不停地试图发现商机，且要在很短的时间内从这种商机中获利，否则别的企业家也会很快地发现这种商机，并进入与其竞争。

这种商机的发现，不但介入的速度要快，而且还要快速地建立起一种商业场景来盈利。

故"新消费"时代，因为契入了很多行业、连接了很多主体、融合了很多内容，所以商机被企业发掘的频率会很高，场景的构建自然也很频繁，那么场景自然也会越来越丰富。

---

1 《竞争与企业家精神》，伊斯雷尔·柯兹纳著，刘业进译，第 203 页，2013 年，浙江大学出版社。

3.4　对于"新消费"场景的一些思考

个人认为"新消费"场景是基于对人的需求满足的前提下，同时对不同市场进行的一种整合，只不过现在通过一些技术的手段，这个整合的过程加快了。这个整合的一个很重要的出发点，如上面内容所说，就是对人的重视程度提升到了无以复加的程度。

其实之前的时代，对人的关注之所以没有那么大，是因为无法关注到，导致很多商业模式对于人的关注，重视程度没有那么高。随着商业的发展，对人的重视程度逐渐提升了。

例如冷链物流行业，就经历了这样一个发展过程。

在 2016 年，中国的冷链行业其实还处于一个非常粗放的阶段，尽管市场上出现了一些冷链运输的车辆，但是车上的冷机始终处于闲置状态，甚至有的冷机打冷时，吹出来的还是热风。一些牛奶、雪糕之类的需要冷链运输的食品，即使使用了冷链车辆运输，但是往往是为了掩人耳目，这种方式也是有意展示给收货方的。也就是说，冷链运输其实走的只是一种形式。

之前市场上的雪糕，往往是变形的，而不像现在这样，出现了很多非常精巧的样式，而且形状保存得很好。原因有二：一是因为很多雪糕销售商并没有意识到市场上客户需求的多样性，客户需要多样化的产品形态；二是因为即使有的厂家和销售商思考出了很多想法，也有了很多方案，但是中间的供应环节也保证不了雪糕这样的产品在运输到终端门店，直到拿到消费者手里时，形状是完整的。

所以在这种情况下，市场上的消费根本升级不起来。换句话说，我们要相信在冷链物流行业（其他的行业也一样），有的企业家的想法和方案已经远远超出了时代，但是限于当时的行业环境（设备制造技术跟不上、流程管理工作缺失、信息交互方式极为原始、人员管理不规范等），很多想法是无法实现的。因为这和当时的大环境有关。

很多企业家在当时就想出了冷链运输的一些实施方案，例如，对于奶制品或者一些生鲜，要进行温度的控制。所以当时的一些大厂，采用了为运输司机配置温度计的方式，希望从温度上限定食品的温度处于一个合理的区间。但是在途温度监控是很难实现的，当司机送货到达指定收货点的时候，收货方只关注卸货的时候的温度。在这个场景下，司机怕麻烦，根本不打冷，而是只在快到送货地点时，用冰袋将温度计提前包裹起来。

发货方发现这一弊端后，要求司机全程打冷，但是当时的冷机设备技术不过关，制冷效果不明显；还有就是为了省油，司机采用了将温度计悬挂在驾驶室或者货物室，且在一个袋子中装入几瓶冰冻矿泉水，然后在其中放置温度计，这样做的结果就是温度基本上都是恒定的。

所以，市场的需求是很难培养起来的。市场处于一种非常原始的状态，消费者的很多需求没有被满足，消费者自己当然也不会提出更多的需求，因为长期的这种原始的商业方式，带给消费者的，基本上也就是满足了正常的需求即可。

消费者在市场满足方面，没有足够的信心，当然他们也不知道自己的需求到底是什么。

当前，当冷链市场逐渐发展，各项技术（例如监控技术、设备制造技术和互联网技术）以及随着互联网营销手段的日益丰富、营销渠道的不断增多、专业人才的大量涌现、政府在基础设施方面的高昂投入，市场逐渐变得异彩纷呈，消费者的胃口开始慢慢地被市场"喂刁了"。因此，消费者的需求越来越高。消费者消费选择的范围扩大、选择品类的增多，导致消费者的主动权越来越大，原来厂家是占据主导权的，但是这个位置逐渐颠倒过来了，变成了消费者占据主导权。

当消费者的"胃口"越来越大时，供应的在途监控设备、质量保证、产品的形态品相等，逐渐成为了整条供应链重视的元素，后端供应逐渐转型，传统的那种不规范的行为正在逐渐消失。

我们看到，消费仅仅在"快"这个要求上提升一点，其实对于整个后端的供应和全程的管理，都是非常具有挑战性的，目前也有很多物流供应链公司也在满足这个要求的基础上发力。所以出现了很多场景，路上监控的场景、卸货装货的新要求带来的一系列场景、流程设计方面的场景等，众多场景的出现，其实就是意味着，在某个角度上（例如我们说的"快"），这个市场即将或正在发生或大或小的变化。

还有一个需要注意的点是，市场上不乏创新的想法，有的企业家的想法或者方案是极为具有前瞻性的，但是受限于市场的环境和整体的形势，这些想法实现的可能性或许还需要时间。所以在这种情况下，企业家们不一定要投入精力让这种想法实现。

做电商的企业采用了很多新方式进行营销，例如网红直播、短视频带货、社群营销的方式，确实起到了很大的作用。但是如果做实体的企业家用这种形式进行营销，可能性不是没有，但是成功的可能性概率有多高，其实是值得商榷的，尤其是重资产的企业更是如此。生产资料和生活资料的管理还是很不一样的。

其实，从目前的科技水平来看，一些好的想法，甚至是一些极为超前的商业设想，都可以通过技术的手段实现，但是这并不意味着这样的商业模式在市场上能够获得成功。当想象力到达了一种通过努力就能实现的情况下，其实获得应用并取得成功的概率反而会降低——当期望改变世界的人变得非常多的情况下，改变世界也就变得非常难。尤其是在传统的时代条件下，没有人或者很少人才会想到改变世界。

另外，新场景的应用，其实在不同行业是不一样的。虚拟经济的场景化非常便利，一个很重要的原因是，有的行为，例如抢红包、直播、点评、社群互动和短视频等，都可以通过程序写出来，其实也就是技术支持。只要货源充足，虚拟展示的效果好一点，基本上操作起来也就非常方便（例如 C 端配送其实已经非常成熟了，只要网上能卖出去，快递就能送出去，所以整个场景看起来就比较灵活和生动）。但是实体经济不振，新场景的应用在里面是一个非常艰难的过程。

例如，当我们接触物流行业时，这个行业尽管是一个很古老的行业，但是发展的脚步一直是非常缓慢的。从业人员的数量也非常多，而且文化水平不高、素质良莠不齐。因此，当我们都在呼唤"新经济"时，往往某些行业很难适应"新经济"的要求，一个很大的原因是，这些行业本身是一个"忍辱负重"的行业。

为什么这样说呢？这是由人们的认知偏差造成的。

人们往往觉得，"新经济"背景下的产业发展，应该是非常发达了。人们接触到的是电商的各种眼花缭乱的营销方式、商场令人目不暇接的促销打折活动、日新月异的技术以及极为发达的信息传播现状，但是人们忘记了其实对这些场景的接受，对于 13 亿中国人来说，绝大多数的中国人是没有直接的感知体验的。也就是说，接受这样的场景，对于绝大多数中国人来说，是一件很难的事情。这些方式对他们来说，也是一件很难理解的事情。也就是说，电商尽管在城市中发展得比较发达了，但是对于很多生活于农村甚至是偏远区域的人们来说，现代的生活方式对他们设置的进入门槛还是很高的。

所以，在目前阶段，市场上用商业谈革命、谈革新、谈改变世界等诸多话题，在某种程度上都是谎言——我们远远没有达到这种程度。

一个很明显的例子就是，很多从事物流行业的低端操作从业者，甚至为了几百元枉顾规则，当然也为了几百元严格遵守规则，这种极端的现象，在实体行业屡见不鲜。

我们甚至很难想象在客户至上到无以复加的当前背景下，怎么仍然存在那么多的造假现象，那么多的诈骗现象，其实一个很大的原因是，这些行业吸纳了大量的底层劳动者，在行业还不规范、约束机制还没有建立起来时，一些诈骗现象就有可能出现。

谈论这些商业模式或商业场景的关注者，觉得现在的商业已非常发达，这种认识是不正确的，其实这是由每个人的认知偏差造成的。每个人都要明确一点，即商业还远远没有完善，新场景的建立尽管现在已经得到了很多关注者的重视，但是也仅仅是限于电商互联网方面的，也就是对电商互联网方面重视的程度高一些，其实很多实体产业——这些决定了中国商业未来走向的最重要的行业——还远远没有达到一种先进的程度。

新场景的各种形式，无论形成什么变体，至少从目前这个阶段来看，都未表明中国的商业模式已经非常发达了——商业模式还有很长的路要走。

第4章

有关场景的几个问题

04

商业场景需要注意人的观念、效率问题和边界问题等，这些问题都是人们在拓展商业场景时，应该予以关注的几点重要的内容。

4.1　商业场景的周期，是人的观念的持续周期

人的观念的持续期，其实就是商业场景的持续周期。为什么这样说呢？举个例子。

生鲜电商模式在电商发展的大红利下，即 2012 年左右，已经跃跃欲试了，尽管当时的生鲜电商还停留在一种概念模式上，很多人享受着常温零售产品电商带来的消费体验，对于生鲜电商却没有一种直观的认识。毕竟当时很多人的消费观念还不认为生鲜能够放在网上卖，更不用说其能够成为一种独立的商业模式了。

生鲜在人们的心目中是和保鲜有关的，对于品质保证的要求比

较高，当时的消费者一般认为所有的生鲜只能是放在菜市场或者商品超市中售卖。将这种对于保质期和品质有较高要求的商品放在网上买，对于很多人而言就是一件难以想象的事情。因此，这种观念主导了人们的消费理念，加之生鲜电商确实存在技术能力支撑不够等客观实际限制，导致在常温产品电商发展如火如荼的情况下，生鲜电商的发展徘徊不前，相对停滞。

但是常温产品电商的发展如此迅速，导致生鲜电商的发展也被带动起来了，人们的观念被迅速地扭转过来了。产生这种观念转变的一个很重要的因素就是生鲜电商的融资。融资事件在 2013 年到 2014 年不断发生在生鲜电商市场上。

据网经社"电数宝"监测数据显示，生鲜电商融资事件在 2013 年仅发生了 3 次，到了 2014 年就飙升到 26 次，同比增长 766.66%。到了 2015 年，融资事件创下了新高，达到了 70 次，同比增长 169.23%。尽管在之后的三年内，融资事件有所回落，但是在 2016—2018 年，也分别达到了 55 次、24 次和 36 次。生鲜电商的融资事件不断发生，一次又一次地冲击着人们对于生鲜电商的认识。人们也逐渐接受市场上不同生鲜电商带来的服务，京东生鲜、天猫生鲜、拼多多的传统 B2C 生鲜，还有以每日优鲜和京东到家为代表的社区生鲜服务模式，等等。不同模式逐渐成为了生鲜电商经营的主要模式，消费者也逐渐接受了生鲜电商作为其生活服务的一种重要方式[1]。

1 《生鲜电商频频倒闭 行业进入"寒冬"调整期》，贸易金融，2020 年 2 月 13 日。

电商的很多模式，都是用钱"烧"出来的，补贴大战其实就是互联网电商经常运用的一种模式。比较具有代表性的烧钱模式就是共享经济。本质上，一种商业场景的出现乃至被运用，是人们的观念导致的。以融资为代表的资本注入，只不过是一种验证人们观念是否可行的具体手段而已。

如果在 2012 年左右市场上没有人们对于生鲜能否用电商来卖的疑问，很多电商其实也很难发展。在当时的市场情况下，电商获得了极大的关注，很多电商从业者，甚至是生产资料电商的从业者，就曾告诫过员工，对于电商，人们需要有想象力。也就是说，所有的东西都能通过电商来进行销售，无论是有形的产品还是无形的产品。在当时电商营销手段和发展速度还比较迟缓的情况下，这种观念其实还是有很多合理的因素的。电商繁荣，其实和市场上的人们的"观念持续"分不开。

人们的观念尽管是非理性的，但至少是直观的。人们对于某商业模式带来的服务的直观反应，在某种程度上也预示着这种商业模式或许会经历一些调整或者大的变化。

还是以生鲜电商为例。当生鲜电商在 2014 年之后，直到今天获得大发展的情况下，普通消费者感觉生鲜服务要不就是非常昂贵，要不就是送货非常慢。即使有些生鲜电商保证在一小时之内到达，只是在其服务点比较靠近某居民区且有货的前提下才会做出这样的承诺。生鲜电商的后端服务基本上没有跟上。很多消费者也经常看到配送小哥带着装满水或者冰袋的保鲜盒来送货，甚至都怀疑这些保护材料比产品本身都贵。在这种情况下，消费者的直觉告诉他自己，生鲜电商还有很长的路要走。

2019年12月爆出来很多生鲜电商倒闭或者关闭服务的事件，如我厨、妙生活、吉及鲜、呆萝卜，都是一些之前融过资的生鲜电商。总结起来，其倒下的原因有以下3方面。

第一，据统计，我国食物浪费量每年为1700~1800万吨[1]，造成这种情况的一个很重要的原因是流通成本极高，后端需要支撑的基础设施，无论是硬件还是软件，要求都非常高，包括仓储、分拣、配送，以及全程保鲜等。生鲜其实和农产品具有非常大的相似性，农产品遇到的问题生鲜都会遇到。何况生鲜的储存要求比一些农产品还要高。在冷链市场红利还较为丰厚的情况下，投资者自然不会放弃生鲜电商这样一个细分市场，所以大量资金便涌入进来，导致资本盲目助推的概率提高。

第二，生鲜电商的保鲜问题，B、C端发展程度不协调。B端企业的产品流通方式基本上是仓库到仓库、仓库到门店、仓库到电商。中间进行配送的冷藏冷冻物流车辆对于温度、湿度等的要求能够保证。但是C端最后一千米的问题比较突出，冰袋、干冰、水等，这些物质的使用要充分保证产品质量完好地送达客户手中，其

---

1 《食物浪费惊人 中国食物浪费量每年1700~1800万吨》，央广网，2018年8月3日。

实这样的条件很难做到，时效性保证不了。如果要保证 C 端最后一千米的成功，其实 B 端的后端支撑是必要的。但是 B 端投入很高，涉及的企业也基本上都是重资产经营，发展步伐缓慢，在 C 端市场极为火爆的情况下，后端发展不给力。有的资本并没有了解到这一点，而只是想着借用生鲜电商的风口"大捞一把"。由此造成的结果就是，前端"烧钱"力度大，后端反而较为平静，前后端不协调。前端发生问题，自然是生死存亡的问题。

第三，资本的盲目性和投机性。常温零售商品电商的红利让生鲜电商的从业者艳羡，市场上普遍觉得生鲜电商的春天已经来临，这似乎成为了人们的"执念"。在这种情况下，相关生鲜电商被盲目的资本投资，相关风险被忽视或者放大。资本的投机性让很多投资者都希望成为在风险发生前最后一个离场的人。这反而让很多生鲜电商企业盲目铺摊子、盲目用常温产品零售电商的经营思路运营企业，例如通过找下沉渠道、注册送钱等方式扩大流量，以至于资金链总是处于微弱连接的状态，一旦发生风险，资金链断裂就非常之快。总之，生鲜电商还涉及 B、C 端的融合问题，不能盲目地采用流量来作为主要经营衡量标准。生鲜电商倒闭，是在情理之中的，经过输血的生鲜电商倒闭事件，或许不为人所知的还有很多。

其实人们的观念没有联系到以上这些原因，尽管是一种直观的感觉，但是这种感觉在很大程度上值得市场从业者好好分析，其中其实还是蕴含着一定道理的。可以说，人们的观念处于一种什么状态，市场上的商业场景基本上也处于一种什么样的状态。例如，生鲜电商在过去几年的发展过程中，给人的感觉就是这种商业模式成本太高，"似乎在短时间内不会有大的起色，或者还将发生大问题"。这种观念尽管是一种非常直觉的观念，但是其背后也有一些合理的原因。消费者在电商导致的全民购物的影响下，能感受到其中的端倪。因此，在很大程度上，消费者的直觉是一种非常直观的针对某一种商业发展好坏的评判之一。其他的商业场景，也具有相似的逻辑。

4.2　商业场景具有逻辑性，但没有完美地解读

场景具有非逻辑性，也就是说，不是所有的商业都能用逻辑解释得通。有时市场上的一些商业模式表现出来的很多现象，很难用翔实的数据或者各种分析工具得出一个比较合理的解释。究其原因，一方面是因为人的行为构成的场景具有不确定性，另一方面是所赖以研究的文献资料掌握的程度还不够（事实上，不可能全部掌握），从而限制了认知。

下面以唯品会作说明。

2019 年 12 月 16 日，据腾讯和唯品会向美国证券交易委员会递交的文件显示，腾讯在 2019 年 11 月 25 日至 12 月 13 日期间增持唯品会股票，增持数量为 6 472 841 ADS（美国存托凭证）。文

件显示，腾讯此次增持共花费约 8419 万美元，平均每 ADS 交易价格为 13.01 美元[1]。这是腾讯年内第二次增持。

该报道透露出什么信息？背后有什么逻辑？

唯品会的商业模式好像一直处于一种多方试点的状态，做特卖、做闪购、做互联网金融、做支付、做物流。这种多方试水的学费也是比较高的。例如，据相关资料显示，唯品会之前已经关闭了北京分公司，且在 2018 的 12 月初关闭了其海外社交电商"章鱼柜台"，更早时，也就是在 2016 年，唯品会关停了其在 2015 年初战略投资的东南亚电商 Ensogo 上的闪购和电商平台业务[2]。

闪购模式虽然避开了国内大的奢侈品电商围攻，使其赚到了第一桶金，但是这种模式其实本质上就是清理奢侈品库存的电商模式，进入的门槛其实不高。例如天猫也相继推出了品牌特卖，京东和苏宁都可以做，只是在考虑是否影响主营业务方面，做一个选择题而已。

另外，国内的互联网金融、第三方支付和物流，其实都做得比较完善了，各自都已经成为一种生态。一家电商平台上很难容纳这么多的生态，做好更是不容易。

1 《腾讯年内第二次增持唯品会 斥资 8419 万美元》，新京报网，2019 年 12 月 17 日。
2 《唯品会社交电商出海项目遭遇水土不服，不到半年就夭折》，艾瑞网，2019 年 03 月 27 日。

国内电商的竞争局势，使得唯品会处于一个很被动的局面，故其扩展海外业务，逻辑上也能说得通。但是海外的消费习惯和人群，其实也考验着唯品会的特色业务"出海"后是否会发展得比较顺畅，事实上也证明其"出海"遭遇了诸多不利。

无论如何，目前天猫、京东、苏宁等许多电商巨头还基本上没有选择或者决定大规模进入唯品会的这个老牌发家致富业务——闪购领域，一些竞争对手，例如俏物悄语、聚尚网、天品网、魅力惠还不足以与唯品会争得市场席位，所以唯品会目前的发展势头向好，市场连续表现尚好。

相关数据显示，从 2012 年上市，唯品会的股票曾一度上涨 60多倍；2019 年第二和第三季度，唯品会营收增速持续回暖；2019年 10 月 26 日，唯品会的股价更是上涨了 18%。整体而言，与2019 年第一个交易日相比，唯品会在 2019 年 12 月 16 日（美国当地时间）的股价飙升了 154% 以上。业绩的向好，或许是腾讯增持的一个首要原因[1]。

另外，数据显示，唯品会在 2018 年第 2~4 季度三个季度业绩分别为 6%、11%、13% 的增幅里，分别有 24%、22%、23% 的流量来自新加入的腾讯和京东入口。这或许也意味着腾讯等流量巨头对于流量导入唯品会提升业绩的效果方面，目前来说还是比较满

---

1 《腾讯京东两大流量加持，唯品会为何仍走下坡路？》，36 氪，2019 年 4 月 8 日。

意的，因此持续增持逻辑上也说得通。

在 2019 年 11 月 25 日，唯品会品骏快递与顺丰达成业务合作，品骏快递正式停止业务。这对唯品会而言相当于一次将自身附着的一项重资产业务进行剥离的重大行动，这或许是唯品会对自身多营业务进行定位后的一项重要瘦身决策。在这种情况下，目前来看是一项利好的消息。

总而言之，在唯品会目前盈利能力尚可、市场表现尚好的情况下，腾讯对其的增持表现出了乐观态度，毕竟唯品会的业务模式在目前的市场上还是前景可期的；另外，鉴于流量的涌入对唯品会业绩的支持效果明显，所以流量巨头腾讯增持唯品会似乎也在情理之中，这或许也是经营游戏等重头业务的腾讯想在电商上面导流转化的一种重要手段；加之唯品会采取了一些剥离重资产的不符合其业务定位的决策，也让外界对其后续的经营比较乐观——唯品会也自然希望看到这一结果。

故腾讯增持唯品会，应该是一件比较符合双方利益的好事。

唯品会的股价之前疯长，一度被认为是"妖股"，因为当时其盈利模式一度被人"看不懂"。现阶段唯品会在经营屡被看空的情况下，仍然被腾讯等巨头增持，不得不说唯品会是一个"妖商"，似乎也是让人看不懂的一件事情。但是如果考量背后的原因，或许我们认识到的这种市场的"妖"态，其实也是一件正常的事情。

唯品会以各种"妖"的特点呈现出来的状态，似乎让人有一些不理解，但是本质上还是因为不同的关注者的认知或者掌握的各种资料信息有待提升和完善，所有的结果背后，一定是有原因的。因此，商业场景一定是有逻辑的，而且因为每个解读者的自身状态不一样，所以对于同一个场景的解读也不一样，即不存在完美的解读。对于某个商业场景的理解，解读是很必要的，但是有可能因为各种情况，出现了相反的解读，甚至不排除存在一些目的性很强的解读，这些都是互联网时代信息泛滥的状态下，尤其要关注的问题。

市场上对于唯品会冠之以"妖"，本身说明，一些解读可能还没有深入地探寻到该商业场景的内核，或者说，相关解读对于该商业场景还是不适用的，等等。

还有一个比较突出的例子就是 O2O 模式。这种商业场景的解读也比较多，例如从获客方面而言，认为线上线下的结合，导致企业营造的商业场景在获客概率方面提升了。本身即使线上具有很高的流量效率，但是流量在比较珍贵的情况下，其线上获客的成本其实很高，但是又不可或缺，所以线下场景的开掘，能够在一定程度上弥补线上的不足；还有的从效率方面，认为线上的很多场景其实代替不了线下，所以线下的运营成为主要的方向，线上只是作为一种辅助性的手段；还有的认为，人的行为中存在不确定性，线上永远代替不了线下。随着智能化的发展，如果开展线上运营的话，或许可能应对诸如社会突发事件导致的线下运营风险（例如此次非冠疫情的爆发），因此在正常的社会情况下，线上是一种风控性质的业务防护灾备等。

因此，所有的商业场景都可以从各种角度考量。在这种多角度的情况下，如何分析得较为透彻、较为理性，其实决定着某家企业在开展某一种商业场景时，所要采取的战略，或者说策略成功的概率。因此，对于商业场景逻辑性的考量，就要进行综合性的评判——评判的有效性，直接决定着企业家对于拓展的商业场景能否成功维系。

下面再以很多电商开设线下体验店这种场景，来进一步说明。

很多电商开设了线下体验店，其实这是一种线上线下的结合方式，这里面的原因比较简单：第一是因为线上的客户不能完全覆盖喜欢逛街、喜欢直接体验的客户；第二是有助于线上线下都能卖货，进而提高销售出去的概率；第三，笔者认为直接体验的感觉是最深刻的、最直接的，所以很多线下体验店的存在是非常合理的。因为人群集聚性购物带给每个消费者的体验是非常微妙的，这种商业场景本身就是一个非常微妙的商业活动场景，带给每个人的感觉是不一样的。但是我们看到，网上集聚性购物，每个人看到的是数字，尽管也有团购，但是团购带来的这种集聚性购物感觉和线下消费者群体参与，根本是两回事，毕竟线下大家看到的是活生生的人。这种感觉是人的天性，这是任何商业场景都无法忽视的。

　　确实很多电商线下开设的实体体验店成功了，但是这种商业经营思路不一定需要每家电商予以效仿。现在有的商品基本上市场上都能买到，甲品牌做电商很成功，完全可以不用开设体验店，因为消费者完全可以为了买甲品牌的商品，到乙品牌的线下体验店体验，然后再到甲品牌的电商网站上进行购物。对于某一类的商品的交叉体验，消费者其实比谁都聪明。

　　开设线下体验店笔者觉得有几个必要条件，满足这些条件，体验店或可试水。

　　（1）这种产品或者模式是独有的，市场上还未出现该类产品。网上给消费者的感觉不直观，或者面对的消费者群体是不习惯上网的线下客户，例如科技类产品，或者口红、美甲这类美妆产品。模式方面，比较典型的就是无人零售。

　　（2）保健产品及设备。例如针对老年人的这类产品，在免费试用的情况下，线下体验店是不可或缺的；况且老年人这个群体本来也很少上网。

　　（3）新的商业模式，例如盒马生鲜那种"超市＋餐饮＋电商＋物流"等类似的商业模式，模式比较新鲜；还有网易严选和亚朵玩起了跨界，酒店空间与生活方式的叠加，实现"家居电商＋酒店＝可以买家居的酒店"[1]。这些模式都比较新颖，所以线下体验是不可

---

1 《盒马鲜生："超市＋餐饮＋电商＋物流"新零售模式》，腾讯网，2018 年 6 月 26 日。

或缺的。

　　整体而言，线下体验店不适合所有的电商，除非头部电商想扩展线上线下版图，想衍生一些其余的商业场景，或者引入一些资本进行关注来满足一些野心。一般的中小电商，除非线下能衍生出数据或者直接带来线下流量，通过运营线上辅助线下，也未尝不可。毕竟实体肯定是未来的趋势，不能一概而论，从而认为线上或者线下，或者二者结合就一定是比较好的方式，这种观念是不正确的。

　　因此，固定的商业场景，从来都没有一种单一的评价方式。应该尽量用多样化的解读方式来认识商业场景，来尽量将其中的人的行为看得更为透彻一些。也就是说，商业场景的逻辑性，始终应该用多样化的解读才能更完美。没有一种解读是能够完全无误地阐述一种商业逻辑和商业场景的，人的行为的非标准，导致商业场景的非标准性，从而导致人们对于商业逻辑的理解角度是多元的。

　　因此，对于企业家来说，应尤其关注商业场景，不可简单复制别人的场景到自己的实际经营中来，单一的理解可能会让企业家在面对一种即使是比较成熟的商业场景时，同样的方法或者即使是已经被市场证明是非常有效的思路，也不能保证该商业模式取得二次成功。

4.3　效率问题是任何商业场景的前提和结果

任何商业模式有效的前提其实就是效率，无论是商业模式的变革，还是日常基础工作的开展，或是各个环节的优化，其实都是为了提高效率。分析任何商业场景，或者针对市场上出现的任何商业现象，最终的目的其实都应该关注其中的效率是否高。工作的组织效率或管理效率，无论这个市场最终走向何方，一定是依循着效率来发展的。

例如当前的市场，系统化的战略实施在很多企业的管理过程中都是一个很重要的战略决定，因为目前市场上，企业的发展，一个非常重要的基础设施就是数据。在很大程度上，数据就是效率。系统是积累数据的前提之一，有助于企业在精细化方面进行深耕。但是如果这个企业的业务场景非常简单，且在当前的情况下，业务还没有达到那种复杂的程度，日常业务的开展只需要投入一定的人员进行开展即可，那么这种情况下就不需要什么系统。

例如在传统的物流行业，很多本来用冷链运输的食品，企业为了降低成本，或者社会消费者对于这方面的消费意识还没有提高，对于口味的选择和要求始终还是一种低层次的状态，那么，企业的业务场景就不会很复杂，它要做的就是要保证这个产品不变质或者变质的程度不高即可。因为市场上对于这种产品，只要不会产生大的食品安全问题，是不会有任何意见的。因此，基于这种市场状态，企业无非就是用常温货车将产品在规定时间内运送到指定地点即可，且不要让产品变质程度太高。

那么基于这样的业务场景，系统化其实是没有任何意义的。

随着消费升级，消费者对于产品的口味有了很高的要求，例如常温液态奶其实在冷藏的情况下，口味是比较好的（啤酒也是这样），这就要求企业在整个仓储、物流的过程中，要始终保持一定的冷藏温度，这样要求企业的业务场景就比较复杂了。例如车辆温度的监控、配送的时效性等要求都要提高。那么这样就对企业的管理精细化提出了较之于传统时代比较高的要求，例如司机管理、车辆管理、仓储管理、装卸管理，都需要精细化的管理流程，以做到产品的温度始终保持在适宜的程度，或者要保证整个操作过程中适宜的冷藏状态"不断链"。在这种情况下，意味着系统化的开发或者运营就要提上一个很高的日程。效率就成为所有企业必须要关注的问题。

下面还是以零售行业为例，来分析一下商业场景的效率。

无论是"新零售"，还是传统零售，效率的高低始终是决定企业成败的终极衡量目标。"新零售"这个概念出现时，直到现在，众多的企业家们其实并不知晓什么是"新零售"，但是他们所从事的工作、经营的业务、日常的管理，其实在很大程度上都正在诠释着"新零售"所蕴含的内涵之一，那就是效率。

因此，无论是什么形式的零售，对于效率的关注，其实一直存在，而并非只是"新零售"企业才关注这个内涵。只是不同零售企业对于效率的重视，在"新零售"行业特别突出[1]。

"新零售"的兴起，其实和社会消费环境有关，我国由计划经济时代背景下的短缺经济逐渐过渡到市场经济体制之下的消费经济，直至消费逐渐成为一种意识形态、生活方式，具有了明显的价值诉求。价值是一种非常主观的东西，并没有一个非常确定的标准来衡量，因此在消费经济主导之下的市场，如何较为精准地满足消费者这种非标准的价值诉求，对于效率的关注，就成为一件水到渠成的事情。

因此，效率战争本质上就是为了能够最大程度地满足消费者的价值诉求，是各个零售企业争相采取的竞争手段。

传统零售场景下，零售效率的提升重点关注的是技术、促销等比较简单的方式，效率提升的空间和要关注的点是比较窄的。对于效率的研究可开掘的空间不是那么广阔。然而，在当前的"新零售"场景下，当商品极大丰富、技术空前提升、渠道极为多元、体验极

---

[1] 为什么"新零售"行业对于效率的提升如此重要呢？一个很大的原因就是零售行业是和消费者日常生活最密切的行业，关系着人们最终的吃喝拉撒。消费者的任何"风吹草动"，其实都意味着消费发生了一定程度的变化，无论是消费升级或降级。消费者作为商业的最终端，其实和后端发生着紧密的联系。"C端+B端"的紧密结合，是所有商业运营的本质。例如生鲜电商，当我们遇到生鲜电商对于订单配送不及时、配送过来的产品不是原先的下单产品，或者有的配送袋子很大，但是装了仅仅一件体积很小的产品，那么这些问题，其实都意味着后端的支持效率还是比较低下的。因此，"新零售"意味着前后端的高效协同，这个协同效率在零售行业非常具有代表性。

为重要、营销极为便利、商业模式极为繁多的情况下，零售企业对于效率的把握，其实都在考量每个企业的运营能力，因为在这种情况下，要关注的方面是非常多的。效率自然就成为每个企业需要投入极大精力对待的问题。

我们在观察商业场景效率问题时，一个很大的关注点，就是要研究这个效率是不是有效。就像在上面提到的，业务场景简单的企业，是否还需要系统化的功能来提高效率呢？答案可能是否定的。因为系统化的前提是场景要复杂一些，或者是现有人海战术的目标已经很难满足当前的业务场景。

也就是说，效率其实是一件奢侈品，对于很多企业来说，效率关系企业的实际情况，盲目追求效率的过程中，尽管这个效率对于别的企业产生了很大的效用，但是对于其中的某些企业来说是不是适用，这就需要每个企业应该有深度的考量。

基于这种逻辑，市场上的一些商业模式所展现出来的场景，尽管这些场景看起来确实赢得了很大成功，但是这种效率是不是真正适用于每个企业？或者更进一步延伸下去，这些目前看起来成功的场景，效率一定就是有效的吗？是不是还要放在一个比较长的周期中进行考察？

那么如何考察效率的有效性呢？也就是对于效率问题要关注哪些方面的问题呢？下面做一个简单的说明。

关注问题之一：异化消费

可简单地将非理性消费、冲动型消费、跟风型消费、过度型消费等消费方式导致的上瘾性消费和浪费型消费，统称为异化消费。

一个比较直观的例子就是，有的零售企业主营的奢侈品，本身就是通过大众媒体包装出来的，发达的媒介让这种产品成为了一种奢侈品，导致本来不属于大众消费范畴内的该商品，成为一种全民追捧的消费品。

因为大众消费者是不存在的，绝大多数的消费者是不会产生任何自发的消费需求的，只有通过媒介的宣传，某一种产品才会成为大众的消费品。同样的逻辑，当前采用了媒介包装的形式，加上现代零售工业发达的技术和多种元素（例如人文）的植入，某一种产品照样可以成为全民消费的奢侈品，加上各种渠道的宣传，例如直播、网红、微媒体和短视频等，该产品具备了麻雀变凤凰的超级能力，最终让消费者接受了这种商品并愿意为其买单——这些场景通过一些高效手段的植入，已经被创造出来了。一些人对该种商品的渴望使得购买行为不但变成了一种主动行为，更成为了一种上瘾行为——这实际上导致了资源的浪费。

当零售企业将大量的精力投入到生产消费者"非必需非必要"的商品时，其实是在扭曲正确的消费观，因此零售企业的这种行为，本身就不是一个有效率的行为——尽管确实在一定的周期内，零售企业可以赚到钱。但是这种繁荣，并不代表社会某个阶段的消费层次跃上了一个台阶。也就是说，零售企业通过多种运营的手段营造出来的这种消费繁荣，是一个假繁荣，是无效率的。

在 2020 年 1 月底，李佳琦的新文化股价一字涨停，另一家上市公司金字火腿也因李佳琦带货后，第二天股价斩获一个涨停板。网红带货推动股价涨停，引发了市场关注。

而在 2020 年 1 月份，淘宝、快手、抖音、京东、苏宁易购、拼多多等平台也持续加快了在直播带货业务方面的布局。也是看中了网红直播带货这一新型的零售方式，能够在短时间内，将商品塑造成爆品。

其实可视化的直播已经深深植根在零售的运作模式中，本身是正常的，就像之前的明星代言一样。借助于当前更加发达的传媒热炒，零售的这种直播带货模式比传统的明星代言更加具有社交性和蔓延性，非理性的购买欲望能够在短时间内被带动起来，所以推动网红经济概念股涨停，这是不奇怪的。

网红带货拉动零售上市公司涨停，是一种"现象级"情况，或许持续不了多久，因这里面不排除有大量的上瘾性消费行为。例如口红，有的消费者能买几十支上百支，从一般的思维来看，这么多的口红，根本是一种非必需非必要的商品；另外，直播所营造的可视化环境，能够在短时间内激发起冲动消费的欲望，所以消费被异化的可能性非常高；加上网红本身带有"明星"的属性，粉丝关注本身就是一种社会人际现象，所以通过消费购买一些不属于自己的必需必要的商品（口红），这也是顺理成章的事情。

如果按照"新零售"的内涵，网红直播这种方式自然也属于"新零售"的范畴，那么这种"新零售"方式在很大程度上，就是一种异化消费，或者说是一种异化消费成分居多的"新零售"方式，是存在资源浪费的一种现象。

那么，遵循这样的逻辑，如果众多的零售企业，纷纷加大了在网红直播这种方式上的效率竞争，其实对于整个消费市场来说是不利的——因为很多资源被浪费了。

异化消费还有一个很重要的特点，就是过度的透支信用。以电商为代表的互联网商业模式，一个很重要的特征就是能够累积大量的数据，这些数据能够相对精确地刻画出某个消费者的消费行为习惯，这就为很多互联网金融公司构建客户信用体系提供了方便。

之前人们依赖信用的渠道比较单一，最主要的是银行，人们通过信用卡进行消费。现在则通过例如芝麻信用、腾讯信用、京东信用、小米信用等虚拟信用体系，消费者的透支消费信用越来越突出。在消费行为中，消费者获得了标的物商品，但是附属于这个标的物的其他服务，也是要付费的。也就是说，消费者透支的消费越多，附属的成本也越高。例如，随着人们对于上瘾性商品的消费行为不断增多，消费者对于快递成本的负担，即使是退货的成本也比较高，或者是对于占用存储空间的概率就比较高，又或是对于处理商品包装物的成本比较高（例如垃圾分类成本）。这些隐形的成本其实推高了整个社会的成本，从这一点而言，很多人在当前都是以过度透支信用为手段来购买商品的，对于资源是一种成本高昂的浪费。

在这个层面，"新零售"的效率战争，对于整个产业链来说，竞争越惨烈，成本越高昂。

关注问题之二：如何做到"相对有保证的效率"

这里提到的"相对有保证的效率"，指的是努力采取措施适应趋势的情况下获得的效率增长，即尽量采用已经被证明的能够带来零售红利的商业模式或者说运营模式，从而让零售企业获取利润的方式（因为每个企业面临的问题都是不同的，企业的经营情况也是互有差异的，所以不能保证即使找对了趋势，效率就一定能够提升）。

"新零售"企业的经营，不再是一个埋头苦干的过程，渠道、媒介、引流手段、技术、明确的定位人群、商品展示（宣传）方式等，在当前都已经具备了。这些元素可以变幻出无数的营销手段或者商业模式来达到卖货的目的；另外，社会事件，或者说一些社会现状，都可以加入到"新零售"企业的经营思路中来，辅助新零售企业在效率提升方面做出更好的成绩。

应该注意到，相关营销手段的组合、经营思路的创新，都是非常困难的事情，因此跟随趋势，多方借鉴已经成熟的商业模式，效率才有大概率的保证。

以下对"新零售"几个比较成熟的商业模式，进行说明。

商业模式之一：下沉零售单身经济。例如，"新零售"企业在2019年纷纷掘金下沉市场，而下沉市场已被证明具有巨大的消费潜力。根据QuestMobile报告显示，我国下沉市场用户规模超过6亿。在这个市场中，通过短视频、新闻信息、知识付费、网红直播等形式进行零售营销的商业模式，逐渐成为零售下沉市场的主要营销手段，而支付的契入也为下沉市场的人群消费提供了便利。

另外，团购、社交、拼购等多种玩法所吸引的年轻人正在成为下沉市场的主要力量。电商平台更多地下沉到低线城市，而"全民拼购"则是快速下沉撬动低线市场的最佳"翘板"，拼多多、阿里（聚划算）、京东（京喜）、苏宁拼购等纷纷入局。低线城市的消费场景和下沉人群已经成为部分电商甚至电商巨头的重要消费增长抓手。

目前选择单身的年轻人越来越多，而下沉市场中的结婚率下降和离婚率的增高，导致"单身经济"快速崛起，大量的单身人士成为下沉市场的重要消费力量。"零售 + 下沉 + 单身"的组合，让"新零售"表现抢眼。在一定程度上，这可以解释为什么诸多商业玩法能够在下沉市场中被广泛运用，主要原因是很多新零售专注于下沉市场，在很多情况下已被证明对于零售企业的效率提升效果非常明显。

需要注意的是，社交电商也属于新零售的一种细分模式，但是其做下沉市场就并不容易。无论下沉市场的市场体量有多大，获客成本其实很高。下沉市场的一个很重要的特点是用便宜的产品来争取用户的消费，这点一直没有变。对于其他社交电商来说，流量永远是王道，但是依靠纯流量的业务模式已经不可持续了，社交电商的倒闭很多就是由于单纯依靠纯流量，以至于为了获取流量，付出了足以致命的高昂成本。

如果流量充足的话，这些成本基本上很低或者不存在。

商业模式之二：媒介零售。媒介零售指的是带有传媒属性的"新零售"，网易考拉就是这方面的一个例子。

网易本来是一家媒体公司，网易考拉作为跨境电商业务平台，其实融入了媒体流量的基因。网易考拉经过四年多的发展，网易的这种媒体跨境电商模式开展得还不错，甚至一度超过了阿里巴巴的天猫国际。

尽管在 2019 年 9 月 6 日阿里巴巴收购了网易考拉，但是这并不能说明网易考拉做得不好。因为对于阿里巴巴来说，为了实现其在中国国际进口博览会上宣布的 2000 亿美元的跨境采购目标，收购跨境电商比投入跨境电商更划算，何况作为跨境电商对手的网易考拉，表现并不俗，阿里巴巴不一定能够通过硬比拼稳操胜券；另外阿里巴巴也将投资网易云音乐。之前丁磊将电商、在线教育和音乐三块业务作为发展重点，此次阿里巴巴收购动作，一下子就关注到网易的两块重点，凸显了阿里巴巴对媒体流量型业务具有极大兴趣。用媒体流量驱动完成"带货"，同步契合了阿里巴巴电商与大文娱的发展战略目标，这不得不说阿里巴巴眼光可谓独到老辣，但是也从侧面说明网易在流量方面的优势，吸引了阿里巴巴关注流量这一块。

流量一直是阿里巴巴的心病，因其所有产品的社交属性相比其他企业来说很弱，农村淘宝的失败也和其流量的难以获取有关。因此，把追逐流量引入到"新零售"中来，是一个比较成功的商业模式，因为媒介至少具有流量优势。

商业模式之三：网红直播模式。通过直播带货也是一个已经被证明的高效的带货商业模式，相关内容前面已涉及，不再赘述。

商业模式之四：私域流量。私域流量尤其是美妆行业用得比较多。如果说"新零售"是构建"人货场"三要素匹配的一场生意，那么私域流量就是用比较直接的个人或者品牌IP来重塑人在新零售中的主体地位。

李佳琦、完美日记都拥有私域流量渠道。例如，李佳琦在微信

上的私域流量构成主要是微信公众号 + 微信群 + 微信个人号。完美日记这样的美妆品牌在微信私域流量方面也有布局，主要方式也与李佳琦等类似，凭借这种方式抢占天猫彩妆 TOP1 的位置。

私域流量在很大程度上是有效流量，之前我们说的流量经济是引流并最终转化，私域流量则是再进一层的转化，这样转化的真正效率就高，因为个人或者品牌在其中起到了背书的作用。

2019 年，家纺、美妆、母婴等电商的私域流量成为市场热点，腾讯在私域流量领域的运作成为 2019 年零售行业的抢眼亮色。

以上的相关模式，基本上已被证明是比较成功的商业模式，当然具体问题具体分析，不能一概而论。但是，对于众多的"新零售"企业来说，其经营效率的提升，在很大程度上都是通过借鉴成功的商业模式而发展出来属于自己特色的商业模式。

这有点像美国哈佛商学院零售专家 M·麦克尔教授提出的零售转轮理论。该理论认为，一种新的零售业态在刚刚进入市场时，低价格、低利润是其竞争优势，在逐渐获得消费者的认可之后，市场占有率会增加。在这种情况下，模仿者就会不断出现，价格战就会开始，原有的零售业态将不得不增加新的服务项目，通过改善服务设备，不断提高商品的档次和价格，经营成本也被推高了，该零售商将转变为在价格、成本、利润方面都比较高的零售商。这时，衰退阶段就会出现，新的零售业态的竞争者就会出现，零售业态又将开始重复同样的模式向前发展，新的零售业态将会再次出现。

当前"新零售"行业也是如此，目前的支付、电商、共享汽车和无人零售等，都是从外国学习过来的商业模式，遵循的也是这样的规律。至于零售行业的众多商业模式，其实也跳不出这样的规律。

因此，通过学习、借鉴这些商业模式，不断提升零售行业的经营效率，进而衍生出众多的新的商业模式，或将是"新零售"行业做到"相对有保证的效率"的比较可靠的方法。

关注问题之三：精益与敏捷

我们关注"新零售"的效率，在很大程度上就是关注新零售的运作效率。我们用"精益与敏捷"来阐述这种效率的最本质特征，或许，只有表现出这种最本质特征的"新零售"，才是最有效率的零售，才是零售未来的发展方向。

零售市场不能单独以零售终端效率来衡量该市场是不是一个有效率的零售市场，尽管零售终端的效率确实也在某种程度上能够衡量出其后端的支撑能力是否是有效的，但是这并不全面。因此，关注新零售市场的效率，一定要结合供应链来进行整体考量。也就是说，整条供应链协同效率的高低，决定了整个零售市场的效率。

传统的零售供应链，其模式为"生产商→供应商→消费者"，但是在以互联网为基础设施的当代零售市场中，零售供应链模式转变为"消费者→网络平台→供应商→生产商→消费者"。消费者成为供应链的始端和终端，即订单由消费者产生，然后物流企业负责将下单产品送到消费者手中。

传统时代，供应链关注的是整条链条中的核心企业，现在整条供应链转向关注消费者，这是一个重大转变。

"生产商→供应商→消费者"这种供应链模式，供应商和生产商之间协同的是库存信息，供应商和消费者（当然，市场的一般情况是这二者之间还有一些分销商）协同的是下单信息。

两种信息在整条供应链中是很难匹配的，因为消费者的需求信息，尤其是个性化的消费特征在这个链条中是无法收集到的，更何况供应商和消费者这二者之间，还不知道有多少分销商。也就是说，这个链条拉得越长，信息越失真，消费者的需求得到满足的概率就越低。

而对于"供应商→生产商→消费者"这种供应链模式，其实涉及前后端的一个协同，供应商其实是供应链后端，生产商代表供应链前端，消费者代表供应链终端。基于消费者的订单信息其实蕴含着对于某种产品的诸多需求，例如颜色、外形、价格、送达时间等，这些需求都是以数据的形式呈现出来的。基于这些数据，以生产商为代表的前端服务，例如仓储、物流、采购等，都会共享这些信息，从而形成协同共识。

随着协同周期的延长，前后端数据挖掘的深度就会很高，深度协同的可能性就会增大，且黏性极强，因为协同是有周期的，磨合之后的供应链协同，很难被打散。

为什么磨合之后的供应链协同很难被打散呢？简单说明一下。

有的供应链整条链条上会和支付机构、供应商、生产商、销售商等这些不同的主体通过长期合作，形成了一种黏性非常强的不同于其他供应链的个性化合作模式，这种合作模式是经过各方长期的磨合形成的。例如，对于很多中小型冷链物流企业来说，因为其服务的客户会和第三方收货仓库、供应商、不动产企业合作，所以中间各方的协调周期和流程梳理非常复杂和烦琐，需要长期的合作才能形成一套较为稳定和固定的模式，一旦这种模式形成后，整条供应链的敏捷程度就会比较高，精益化就有了实现的前提。当合作模式改变时，成本是非常高的，因为一个环节的变动要牵动整条链条的改变，这个周期甚至是以年为单位来衡量的。

目前整条供应链的运作都比较轻型化了，例如一个供应链链条契入了支付机构，那么支付机构因为本身就具有了对接多家银行的基础，快捷支付、网银支付或者备付金余额支付都比较完备，商户可以通过在支付机构的界面进行注册（提交一些基本材料，当然这些材料要根据人民银行的监管要求灵活设置的，但是满足基本的材料要求是前提），并开通相关的支付方式进行对接即可，前端的消费者只需要在商户自身的界面下单即可，支付变得比较简单。那么只要这个订单产生，支付机构可以将订单信息推动给商户，或者商户推送给物流公司，当然物流公司也可以通过商户或者支付机构获得这个订单信息，并且也可以将生产商通过接口或者注册的方式引进来，让其获得这个订单信息，安排生产。

系统化的东西实现了很多传统零售时代不能实现的东西，尤其是敏捷性和精益化方面，得到了很大提升。

但是需要注意到，并不是很多系统化的东西都能很敏捷地实现客户需求，尤其是前后端的协同做得还不完善的时候。

例如，生鲜电商产业的供应链协同问题一直是生鲜电商的痛点，库存、最后一千米、食品检验检疫等环节其实对于生鲜电商来说都是极为重要的环节。例如今年年初爆发的疫情，其实考验着生鲜电商的前端的时效性，但是后端的协同痛点一直没有得到解决，导致众多生鲜电商出现了用人海战术补足民众需求的现象（部署大量员工扑在上面，以满足下单需求，但是因为国家政策的原因，库存、物流或者企业自身基于安全方面的考量，有时候也跟不上）。此次疫情可以说将这些后端的供应链痛点暴露得更明显。表明生鲜电商的整条供应链协同还是比较薄弱的，敏捷性和精益化还有待提升。

供应链的协同，要求处于其中的企业主体之间协同的效率要高，但是这个效率受到的影响因素也比较多，这些都是我们在考虑新零售时必须要注意的方面。只有尽可能地将每条供应链环节的流程梳理好，做好风控要求，精益化和敏捷性才有可能真正发挥助推新零售走向前方的作用。

当我们关注以"新零售"为代表的模式的商业场景时，涉及的关注点其实远不止以上所谈到的几个方面。但是无论如何，新零售的效率问题，其实无论是用户资本主义，还是新营销、新消费，对于企业经营者来说，最终归根结底，都是要回归到效率是否能成为企业经营的直接生产力这个方面。过度消费导致的社会资源浪费，借鉴成功模式尽量做到有保证的效率以及如何做到供应链协同来提升精益化和敏捷性。笔者认为是"新零售"企业在发展的过程中需要着重注意的方向，因为第一种关系着社会效率，后两种直接关系着企业效率，只有社会效率和企业效率完美结合，"新零售"的发展才会走入一个更加健康富有朝气的阶段，新零售商业模式才会迎来更具想象力的发展。

任何商业场景的效率问题，不但要关注当前经营状况下的效率，而且要关注一定周期内业务效率。因为当所有的人都将眼光关注一种效率时，期望在短时间内获得利润，改变长期盈利薄弱或者短期亏损的痛苦，这种投机性的概率争取，本身就是一种风险极大的场景行为。好的商业模式有时能短期盈利，有时只有随着周期的拉长才能盈利，对于企业来说，这种"要求"其实是比较苛刻的，因为如果短期能盈利的话，对于企业家来说，就很可能并不在乎长周

期 [1]。长期来说，对于整个社会生态而言，有可能是不利的。

4.4 场景边界的消融

我们在定义商业场景时，其实市场上出现了很多概念，这些概念基本上对于商业场景也是一个比较好的说明。例如分享经济、网红经济、新零售、流量红利等。相关概念的提出契合了商业在某个阶段发展的特点：分享经济是对于社会闲置资源的再利用，通过分享的方式，将资源效用最大化；网红经济基本上也属于个体价值的市场兑现，毕竟现在消费者对于"人"这个主体的关注，空前高涨；"新零售"则是对于零售行业的一种变革趋势的称谓；"流量红利"则是对于 IP 价值（无论人的价值还是物的价值）的市场认可，进而推动市场变现。诸如此类。

这些其实都是商业场景在某一段时间内的对于市场趋势的一种判断现象。不管如何，所有的这些概念，都是有周期限制的，而且这个周期不一定会表现得比较明显。

---

1 例如现在很多直播催生了网红经济，但是网红经济的背后是大批从业者选择了这个职业，并出现了一些很恶俗的吸引眼球的直播内容，这些内容确实在短期内让主播和所从业的公司赚钱了，但是长期来看，以这种职业为事业选项的目标，造成了整个经济的不健康。期望以短平快的方式盈利，成为很多企业追求的目标，这恰恰在很大程度上导致很多企业进行"商业投机"，也有可能让很多企业盲目选择转型到该商业模式上，对商业战略判断失误，进而不利于整个社会健康商业生态的发展。

也就是说，场景的边界随时处于一种可被消融的状态。

以下沉市场作为说明，专注这个市场的一个比较有代表性的企业是拼多多。

拼多多的发展可以说具有代表性，拼多多也是专注下沉市场的电商中具有代表性的头部电商。成立于 2015 年 9 月的拼多多，通过"社交 + 电商"的模式，专注于下沉市场，短短几年时间，其 App 月活跃用户达 4.815 亿，一年净增 2 亿；GMV 网站成交额突破万亿元，比阿里巴巴和京东用时分别快 9 年和 15 年[1]。

拼多多的成长基本上一直是靠"补贴"发展起来的，"补贴"是拼多多专注于下沉市场的重要法宝。这个补贴除了真金白银的直接的营销补贴外，还有对平台商家的"0 佣金"和 0 平台服务年费政策，除给支付机构的 0.6% 手续费外，平台不向商家收取任何佣金，这一点是不同于其他平台的。

在这种情况下，平台商家能够更多地让利给消费者，消费者的平台活跃度自然也上升得比较快。

在这种情况下，拼多多通过促销、多媒介传播等方式，来增强用户的黏性，所以我们看到拼多多的营销费用和营收基本上是持平

---

1 拼多多《2019 年度财报》。

的，可见其为了黏住客户所付出的成本有多大。

因此，通过补贴扩大用户基数，通过多媒介营销黏住客户，然后通过补贴等形式提高用户购买频率，这样一个基于"补贴"的闭环，导致用户基数爆量增长。这种激进式的发展态势，对比阿里巴巴和京东相对稳健的拓展，有很大的不同。

下沉市场的巨大红利，也促使很多电商通过补贴的形式来争夺这个蓝海市场，那些头部电商，基本上都开展过补贴大战，只不过形式不同，但是本质是没有区别的。

不同电商进行价格大战、补贴、红包、秒杀低价产品活动，其实代表了电商的一种发展路径：初始阶段教育消费者网上购物；第二阶段培育消费者网上消费黏性；第三阶段获取越来越珍贵的流量。

这3个阶段其实基本上针对的就是价格敏感型的客户。也就是说，电商的购物群体，价格敏感型的客户占据了绝大部分。同类商品价格在电商展示的虚拟柜台上，其实额度差别并不大。即使也出现了一些奢侈品电商，但是这也是电商发展得相对成熟之后出现的一种跟风现象，不具有代表性。因为价格不敏感型的客户，即使电商没有出现，处于这个层次的消费者，他们能够实现购物目的和获得更好的服务的消费模式是非常多的，电商对他们来说没有那么重要。

电商发展的 3 个阶段，其实就是一个不断促销打折的发展历程，只不过电商发展到今天，已经非常成熟了。因此，为了获取越来越珍贵的流量，补贴或者打折的力度出现了前所未有的规模。

目前，一般的价格敏感型客户随着电商的成熟，他们依赖电商的黏性下降了，毕竟也熟悉了电商的一些"套路"（补贴打折也包含在其中）。那么电商为了弥补这些流量的损失，开始通过更大力度的补贴来寻找新的市场，以摆脱目前的窘境，逻辑上也是说得通的。

下沉市场的电商发展路径，其实与电商刚开始在城市的发展路径是一样的。越是下沉的市场，处于其中的消费者，他们接受电商购物消费习惯的培养因受限于人群的整体能力，电商付出的培养成本是很高的。所以简单粗暴地采用"百亿补贴"之类的大力度促销活动，可以取得非常直接的效果。

因此，目前采用的"百亿元补贴"之类的促销活动，逻辑上还是遵循电商在城市发展的那 3 个阶段，只不过针对人群变成了下沉市场中的人群。下沉市场的人群，规模极其庞大，比城市里的消费者数量多几倍、几十倍都不止。一旦培养成，长尾消费能力还是很高的。

所以，我们可以认为，"百亿元补贴"大战，是电商在下沉市场进行的一场线上消费模式的复制运动，逻辑上，和电商的发展路

径没什么不同。

电商发展到今天，下沉市场是一个非常重要的获客市场，因为城市电商的发展已经饱和了，流量已极其珍贵，在此基础上想获得一种爆发性的高频消费量，基本上可能性不大。这也是为什么淘宝要学拼多多"百亿元补贴"，因为拼多多瞄准的就是下沉市场。淘宝如果再不瞄准下沉市场，其实面对的流量优势或将不再。拼多多创始人在创立拼多多时，无论是不是歪打正着走对了路，但无论如何，当前的下沉市场，确实提升了电商的 GMV，平台日活跃数都不低。

据拼多多 2019 年第四季度的财报显示，对于拼多多目前活跃用户达到将近 5 亿这样的体量来说，其实在此之前讨论的那些下沉市场也好，一二线城市也好，基本上这些概念已经没有那么重要了——因为目前的场景还是发生了一些变化。

拼多多平台上积累的如此大体量的消费者，肯定也会出现在京东或者阿里巴巴的平台上。因此，消费者在不同平台中间的"交叉"现象肯定是存在的，毕竟中国电商现在的渗透率是 25%，还不高，电商大战进行了几年，才将这个渗透率做到这个标准，从目前来看，还没有出现能将渗透率再提高几个层次的商业模式或者所谓的"玩法"。

在这种情况下，拼多多更多依靠更大力度的补贴，别的平台其实也可以做，只是愿不愿意而已。拼多多营销的方式，门槛也不高，别的平台也可以做。那么逻辑上，不同平台在对应着一些交叉的用户前提下，这类重合的用户黏在哪一个平台上的概率都不会很高。

当消费者的体量达到海量程度时，下沉市场的边界会变得模糊，这些客户到底是下沉市场的还是非下沉市场的，其实已经没那么重要了，因为暂时还没有模式能突破电商当前这个渗透率（25%）。在各大电商平台补贴纷纷推出的情况下，每个电商的优势其实都相差不大，消费者自然不会固定在某一个或几个电商平台上进行购物，市场红利共享，而不仅仅是只有那么几个电商独占一个比较独特的市场[1]。

因此，基于以上这样的类似情况，如果再用"下沉市场"来分析诸如拼多多的这种模式，其实已经不符合逻辑了。应该用更加宏观的眼光看待市场上整体电商的场景，即原先我们在分析某一个电商时，习惯使用的以前附着在其身上的标签，应该撕掉了。

1　笔者认为电商的渗透率是和商业场景有关的，且渗透率是和黏性有关（也就是要看转化率），而不能仅仅将电商渗透看成是否将进行电商购物。因为即使有的人会用电商购物，参与各电商的线上活动也很熟悉，但是如果不购物，这个渗透率就不存在。所以电商渗透率和转化有关。拼多多刚开始发展的时候，通过在下沉市场进行社交，结合拼购的方式快速占领下沉市场，电商的渗透率提升得比较快。更早一些，淘宝的一些优惠活动，也提升了城市电商的渗透率。不同的场景决定着电商的渗透率提升或者降低。但是在商业场景比较同质化的情况下，渗透率的提升可能并没有那么快，因为商业场景没有表现出明显的不同。也就是说，没有一块市场是某一个电商能够独占的，那么在这种情况下，消费者在每个平台上都会有购物频率，消费者的这种"不忠诚"现象，就会显得特别突出。在这种情况下，下沉市场的边界就被模糊了，不那么清晰了。

当关注商业场景时，一个始终应该关注的内容是场景边界的消融。

更进一层，电商的渗透率为什么和商业场景有关呢？其实更本质的原因在于，处于某一种商业场景中的人的行为，是有习惯周期的——人们越习惯于某一种商业模式，那么忠诚的程度会越低，黏性会越来越下降。

下面以每年的电商购物节为例进行说明。

电商购物节期间，各大电商都是以各种各样的打折促销来吸引流量的，促销手段包括补贴、赠送、打折和降价等方式。对于该类的促销方式，有以下 5 个方面应该注意。

（1）无论是什么促销，其实电商最终的优势还是集中在头部，一般也就是知名的电商能够引来流量，毕竟优惠力度大，能够吸引消费者集聚购物。对于绝大多数电商来说，促销的手段还是降价、打折等各种优惠，新型的玩法不多，基本上还是跟风销售。这些电商本来不具备巨大的实力，所以随着类似于"双十一"这样的电商节的延续，中小电商参与的热情或许会降低，降低说明他们越来越走向理性。

（2）以往的电商促销节，造成了大量的快递件未能及时送达。造成这样的情况其实和整条供应链有关。C 端消费商品的及时送达与否，考验着整条供应链的协同效率，例如仓储的分拣、物流的配送，还有中间参与人员的配置，都需要高效协同。这些因素其实都是 B 端的一些操作。但是在当前阶段，B 端支撑存在着供应链协同问题，还不完善，所以导致前后端协同效率不是很高，客户的黏性自然就降低了，因为在短时间内可能拿不到下单对应的货物。

（3）电商狂欢节的一些促销手段、营销方式在某种程度上已经是一种比较传统的"玩法"了。众多消费者对于这种营销手段浸染已深，例如转发朋友圈、加油之类的方式已让消费者感到厌倦，如果再不改变营销方式，基本上这些消费者也不会深度参与了。黏性的降低，意味着购物狂欢节的热度降低。

（4）电商狂欢节目前给人的印象就是一个低价促销节，这是不符合商业逻辑的，因为电商是不能和低价劣质画上等号的。如果不调整电商促销节给人的整体印象，伤害到的其实就是那些众多中小电商。因为这些小电商不像头部电商那样，通过在物流仓储等业务方面衍生出来一些利润。中小电商基本上就靠零售盈利。

（5）未来的电商狂欢节会走向理性，对于这种场景，消费者的参与度肯定不会太高，或者说会下降得很厉害，这是正常的现象。其实电商狂欢节和商场打折活动具备同样的性质，并非什么特别的商业模式，也没有催生出来比较亮眼的商业场景。就像我们不能将老人大清早排队的现象看成商业模式，同理，也不能将年轻人晚上熬夜购物看成商业模式。没有商业模式，才是最可怕的。

在这种情况下，消费者黏在一个或者仅仅几个平台上的概率会很低，反而是辗转于不同的平台上进行无意识的消费筛选，是一个大概率事件——电商的初衷是通过打折或者补贴等优惠的方式促销，但是随着消费者对这种场景的熟稔，反而随着周期的延长，消费者对于每个平台的忠诚度呈现出下降的态势。因此，辗转于各个平台进行购物的概率提升了——他们正在力图寻找新的商业场景。

总之，电商的渗透率不是很高。在这个前提下，下沉市场就不会存在了。

整体而言，购物狂欢节只是一场营销手段的线上运用，未来电商狂欢节保持高涨态势的可能会非常低，众多电商企业或许也会在经历众多狂欢后，更加爱惜羽毛。例如在营销、品牌推广、前后端协同、商业模式重建方面下足工夫，而不仅仅是期望借着这些节日流量洪峰赌一把。毕竟人们看到的是众多电商在狂欢节中赚得盆满钵满，但是他们看不见的，或许是真的有大量的小电商因参与之后，进而倒闭一片。

4.5 下沉市场的商业场景拓展，娱乐化是首先应该关注的内容

拼团、拼购、直播、补贴、打折优惠、返佣、0 租金等方式，在很大程度上已经在消费者群体中获得了很高的认可度，消费者也

比较熟悉了。尤其是 2020 年一些短视频、直播等比较"短平快"的方式，在下沉市场获得了不少的关注者。

下沉市场是众多互联网细分商业场景纷纷发力的市场，比较熟悉的有拼多多，早期的还有农村淘宝，后来加入这个市场争夺的还有京东等头部电商。各商业场景无论参与度如何，至少表明了下沉市场作为商业场景的巨大蓝海，各巨头正在纷纷觊觎。当然，这里面也有很多专门做下沉市场的众多小型电商或者本土电商（区域性电商），数量也是非常可观的。

互联网从业者或者市场分析者，都不得不面对一个事实就是，目前互联网在农村的传播，涉娱场景，才是真正传播得比较快的，例如快手、抖音之类的短视频商业模式。越是下沉的市场，其实电商的娱乐化走得越远。

当前，移动互联网的发展在农村可以说呈现出较为强劲的态势。农村智能手机的普及，让互联网时代的一些成熟的商业模式具备了在农村发展的无限可能，但是当前农村的移动互联网发展态势，泛娱乐化的特征非常突出，这在某种程度上让一些在城市中发展得非常好的商业场景，能否很好地在农村被复制、移植，就需要打上一个大大的问号。

当前，农村居民对于移动端的一些基本的应用，如新闻、小说、微博、购物网站、生活服务网站、软件下载、地图、音乐、视频、图片、博客、游戏和社交等类型的网站，其趣味性、娱乐性逐渐增强，这些都是农村居民经常浏览的对象，还有一些视频、一些娱乐化的八卦信息，其中不乏耸人听闻的谣言等，这些内容极大地吸引了农村居民的关注度。手机娱乐正在侵占农村移动互联网市场。

与一、二线城市快节奏的生活相比，下沉市场用户有着更多的闲暇时间。从游戏到直播，从短视频到网络阅读，下沉市场用户基本都是照单全收。身处一、二线城市的人们可能会认为微信好友拼团是在浪费时间，但下沉市场用户却乐此不疲。按照这样的逻辑来看，快手和抖音的流行无不是在遵循这样的套路 [1]。如果说农村移动互联网发展趋势强劲，很大一个原因就是移动应用的娱乐化在农村扩展较快，驱动了农村互联网的发展一日千里。

《2019 年下沉市场用户调研报告》显示，下沉市场用户平均每天使用手机 5.39 小时，63.72% 的用户用手机刷短视频、浏览新闻信息、使用社交软件。每位用户平均安装 7 个以上常用 App，其中至少有一个社交 App。

面对三线以下城市这一全新蓝海，众多 App 纷纷下沉抢占市场先机。其实早在 2013 年，国内某些知名娱乐化移动社交服务提供商就认识到下沉市场的潜力并潜心深耕，经过不断地探索与尝试，

1 《美媒：中国网民手机娱乐日均 5 小时》，丽塔·廖，丁雨晴，译，环球网，2019 年 6 月 14 日。

打造符合下沉用户需求与特征的创新性产品。

下沉市场与一、二线城市用户的一大区别：下沉市场的用户大多时间充裕，更注重社交 App 的"娱乐性"和"趣味性"。凭借社交互动和娱乐属性有效融合形成的良性循环，不断满足下沉市场用户的需求[1]。

这种泛娱乐化的移动互联网发展态势，在很大程度上消解了农村商业市场的发展，例如农村电商的开展。农村电商所包含的征信、信息传播、商品推广等内容，基本上都有泛娱乐化的趋势，这似乎是当前媒介传播的一个非常显著的特征，或者说标配。

还有一个实际的例子，例如微信，现在很多农村居民都安装了微信，有的村庄甚至组建了一个包含全村人在内的群聊。但是他们群聊中的内容，甚至他们在朋友圈中转发的东西，往往也是一些娱乐八卦、心灵鸡汤、搞笑视频、娱乐段子，甚至一些谣言等，这些吸引眼球的东西带来的感官快感蔓延很快，但是对于一些真正商业化、市场化的应用反而转发很少，甚至绝迹。可以说，当下移动互联网在农村其实严格意义而言，应该叫作娱乐移动互联网，真正意义上的具备商业形态的成熟的移动互联网，在农村还没有真正普及。

---

1 《用娱乐化唤醒下沉市场新活力 派派重新定义社交》，新浪 VR，2019 年 11 月 18 日。

即使现在农村的泛娱乐化趋势在农村居民中蔓延，但是一些互联网的较为成熟的商业形态，例如网上支付、金融理财、网上银行等应用，农村居民很少使用，换句话说，农村居民没有享受到互联网，尤其是移动互联网时代带来的一些真正利益。互联网带来的真正红利，在农村或许还有一段相当长的路要走。

当然，娱乐化的发展在很大程度上对于农村移动互联网的普及起到很大的助推作用，这种间接的推动将可能使得互联网时代一些成熟的商业形态在农村落地，但是在当前农村互联网还不具备一些基础条件时，电商下乡带来的一些商业模式是否可以直接移植到农村，或许还需要进一步思考和关注。

很多社交电商、微商、短视频、金融理财等商业场景纷纷掘金下沉市场时，说明了这个下沉市场潜在的消费能力，让众多在城市中发展比较好的商业模式，纷纷效仿。全民消费的时代，自然任何商业场景都不可能主动放弃以农村为代表的下沉市场，消费互联网的涌动，下沉市场自然不可能依如从前。

无论是电商发展早期的 B2C，还是市场倡导的 C2B，消费者的角色实现了巨大的转变。消费者的角色从产品信息的被动接受者转变成为产品信息的提供者和发布者。有人认为，互联网时代营销市场的改变因素 80% 以上源自消费者，而不是某个技术的突破或某个设备的发明。无论这样的观点是否得到共识，不可否认的是，互联网时代消费者的主观能动性得到了前所未有的加强，消费者的意见反馈、需求的满意度在消费市场中所占的比例越来越大，企业的市场导向和工作目标得以实现清晰化。此外，互联网消费时代对企业的诚信水平、服务水平和社会责任感也提出了更高要求，直接影响企业在市场竞争中的生死存亡和发展前景[1]。

随着城市电商网购市场的逐渐饱和，农村电商的网购市场却表现出巨大的潜力。下沉市场的消费人群，现在基本上接受了网购这一方式。据调查，感觉网购比线下购物更方便、商品的选择余地大、可以买到很多之前不知道的商品、价格实惠的人正逐步增多。问卷中反映网购更方便的占 70%；同样的商品有更多的选择机会的占60%；可以买到以前不知道的商品，提高了生活质量的占 42.5%；购物全过程满意度高，身心更愉悦的占 37.5%；商品价格更实惠的占 30%；没有任何改变的占 15%；产品质量和售后更有保障的均占 5%[2]。

农村网上购物逐渐普及。与一、二线城市相比，三、四线等城市往往没有非常多的购物中心、游乐园等娱乐场所。因此，人们会愿意花更多时间在网上，网上购物的普及以及中国快递的高效率配送增加了这些城市的消费行为。而且下沉市场的消费群体更加注重性价比，商家打出的优惠活动会得到他们的青睐。

---

1 《被互联网改变的消费》，余方，中国质量新闻网，2014 年 4 月 25 日。
2 《农村网购也疯狂》，搜狐，2018 年 5 月 23 日。

贫富差异化减小。随着经济的高速腾飞，下沉市场与一、二线城市居民之间的贫富差距正在不断减小，这也是下沉市场消费群体在消费增长中占比不断增加的重要因素[1]。网络购物因此逐渐成为下沉市场的一种趋势。

农村消费市场的巨大潜力，使得电商纷纷下乡寻找商机，网购市场是众多电商首先关注的方向。

农村居民过去的消费方式主要集中在吃穿用方面，其次是盖房子或者婚嫁方面。随着农村居民经济收入的增加，农村生活得到改善，过去的消费方式发生了明显变化。具体表现在农民的吃穿用等生活开支方面比例减少，同时值得注意的是生产性的消费支出增加，购买农业器械和农业生产资料的支出比重大大提高。

以盖房子为例，例如在江浙一带，很多小村子都以盖独栋小楼为荣，很多在城市中打拼的大批农村务工青年，通过几年的打工积蓄，转而在农村盖房，进而娶妻生子（北方农村就表现出明显的变化，农村务工青年纷纷到城市中寻找就业机会，即使积累了一定的积蓄，却很少表现出到农村盖房子的意愿。这也在一定程度上说明了北方的劳动市场还有空缺，南方已经趋于饱和，城镇化在北方还处于发展阶段，在南方已经呈现出城镇化之后的疲态现象。这种现象尤其是在江浙一带表现得很突出）。

---

1 《跃过 2020，一文带你了解 2019 年中国消费概况》，搜狐，2020 年 1 月 9 日。

还有一个突出的表现就是农村非商品性的支出有所增加。农民在子女教育、医疗保健、娱乐服务或者在文化通信方面的支出不断增加。

即使经济收入有所提高，但是整体上农民的消费还是以生活消费为主，日常用品的开支还是在居民的生活中占据了大头。

2019年，全国居民收入和消费支出稳定增长，人均可支配收入超过3万元。农村居民收入增长继续快于城镇居民，城乡居民收入差距进一步缩小。居民服务性消费增长较快，恩格尔系数继续下降，居民生活质量不断提高。

2019年，农村居民人均可支配收入16 021元，增长9.6%，比2018年加快0.8个百分点。农村居民人均收入增速快于城镇居民1.7个百分点。城乡居民收入比值由2018年的2.69缩小至2.64，城乡居民收入相对差距继续缩小[1]。

中国农村市场的消费力不足并不是一朝一夕形成的，制度化的变迁导致了中国农村的消费水平长期疲软，始终难以有大的起色。中国先后经历了工业化、城镇化的浪潮，这些制度化的安排明显倾向于城市，农村发展相对滞后，城乡之间的差距越来越大。制度化的安排在农村因为具有一定难度，政策红利因此偏向于城市，农村

---

1 《2019年全国居民收入和消费情况：稳定增长居民生活水平再上新台阶》，中商产业研究院，2020年1月28日。

部分被忽略，有的方面完全处于时代红利的真空状态。

另外，农村缺失相应的保险机制，养老保险制度、医疗保险制度、农村就业保险制度等制度性的缺失，扭曲了农村居民对于保险的认识——在农村居民的印象中，所谓的保险就是传销、骗钱。没有保险的保障，农村居民的生活充满了不确定性的风险，收入保障的不足、养老保险制度的缺失、消费环境自然动力不足。还有，户籍制度的二元结构，将农村居民死死地捆绑在农村，人员的流动性大大降低，迁徙自由作为农民天然的权利，被制度强制捆绑在农村。农民在农村除了土地之外，没有相应的产业进行就业，这也是农民的经济收入长期始终没有提升或者提升很慢的原因之一，消费自然就上不去了。

随着电子商务在城市中的饱和、实体经济严重不振等原因，商品的价格一落千丈。例如，在淘宝上买一件小商品，有时候可能只花几元，还包邮，利润已经被压缩到最低程度，甚至不少商家纷纷赔钱买吆喝。不少商家纷纷表示现在钱难赚，经营压力大。在这种情况下，农村居民当前的收入提高了，虽然提高的幅度较之于城市还相对非常低，但是众多电商下乡带来的低价商品也能满足农村居民日常的生活需求。可以说，低价小商品占据了农村市场，通过电商这样的形式实现了对农村电商市场发展的助推。

另外，农村现在网购的主力群体集中在年轻人身上，这些年轻人已经不像父辈那样固守在土地上了。进城务工的人员越来越多，几乎是一个月领一次工资，钱"活"了。通过种地这样的形式，基本上是一年才能见到一次收成，钱是"死"的。所以当前农村的年轻一代，购买商品的频率大大增加，在很大程度上提升了农村电商网购市场的交易活跃度。另外，农村的土特产长期以来因为物流、交通等基础设施的不完善，难以扩展市场，市场化的占有率一直不高，电商方式具有的信息对称属性，在很大程度上使得农村的产品销售半径的扩大成为可能，而且农产品市场是一个非常大的市场，农村进入市场的唯一凭借就是农产品较为丰富，所以农村网购消费的很大一部分商品标的就是农产品。

消费互联网在城市的发展过程中已经积累了丰富的经验，但是在当前城市消费市场较为饱和的情况下，向农村消费互联网市场的下移就是一件自然而然的事情。农村消费互联网的发展，并没有表现出与城市电商消费互联网发展过程中的不同，而只是城市消费互联网在农村的一种移植或者复制——只不过掺入了一些因素，例如娱乐——本质上没有什么不同。

鉴于农村消费人群在知识层次、认知结构等方面的特点，娱乐化这种"短平快"的方式，在很大程度上就是所有消费行为的重要依托点。娱乐消解严肃性，在某种程度上摒弃思考，日常生活除了进行经济方面的行为外，基本上片段式的休闲就是通过娱乐的方式实现。

因此，以农村为代表的下沉社会，谣言、低俗化娱乐、农村传

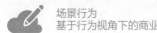
销、打折优惠等现象非常多，在很大程度上就是因为农村的生态促成了很多商业场景必须要走向娱乐化，才有获得成功的可能——毕竟这个市场如上所述，实在是太大了，任何商业模式都不可能予以旁观。

消费的泛娱乐化，造就了以农村为代表的下沉市场的互联网商业场景表现出有别于城市互联网商业场景的非常明显的不同。

从人的行为角度来透视商业，场景化或许是一个比较好的视角

商业其实就是一种经济性的东西，只不过这种经济性要用一些更为量化的东西来考量其状态的好坏，例如成本、预算，最后扩展到操作层面的一些能够进行统计的战略实施。成本考量、预算计算、盈利统计等这些，从属于操作层面的技术渠道，尽管很重要，但是重要性还是排列在商业趋势的后面，而非第一位，它们只是一种趋势的配套，或者说是趋势的一种基础设施。

好的商业的发展是顺应趋势的，但是计划经济时代条件下的商业，造就了更多的顺应计划政策的经济行为，这种行为就一定是好的商业行为吗？不一定，或者说绝不是，因为时代背景的趋势，很大程度上是一种合力共同造就的结果，而不是一种技术层面上能够操作的东西。计划背景下的政策发布，它往往强调一种技术操作层面的因素，而不是一种趋势，充其量是一种趋势的辅助。

为什么在计划经济的时代背景下，技术不是趋势的一种必要的基础设施，而用"趋势的辅助"这样的词汇形容呢？最根本的原因是，计划经济背景下的政策，会将任何能够立竿见影的、能够进行价值量化考量的因素独立出来，认为这些因素是最有价值的。而计划政策的制定者，基本上并没有能够将最主要的因素分辨出来的能力,因为他们注重的,根本就不是商业或者经济性方面的东西。因此,趋势根本就不是他们能够关心或者说真正关心的,他们只关心眼前的东西。他们这样做,本质上是权力召唤的结果,和趋势并没有关系。

商业的逻辑,其实从这个角度而言,也是比较好理解的。我们看到很多初期的小型公司,起初发展得非常好,这里面或许存在 3 个比较重要的原因:第一,市场竞争状态好,无论它具备什么前期基础;第二,市场竞争状态一般,但是成本控制得比较好;第三,还没有被环境所束缚住,例如政策环境或者市场环境,尤其是市场环境处于空白状态。对于第二个原因而言,成本控制的一个很重要的方面,就是不会在很多无谓的细节方面付出成本;对于第三个原因而言,因为例如政策环境的宽松,所以导致公司没有被其羁绊,因此细节成本就被节省下来了。

因此,当一个企业后期发展得似乎不太好了,一定会有一些微妙的原因。我们也观察到很多企业的老板每天关心一些非常琐碎的事情,例如花瓶的颜色似乎和昨天不一样了,偏要在十二点吃到自己想要的东西,员工说话似乎不尊敬她了,中午睡觉不喜欢听见蝉鸣等。个人化的细节注重,让员工为了这种细节疲于奔命。从这个程度上而言,这家公司或许已经不是一家商业机构。因此,如果一家企业发展到这种程度,或许已经不符合商业的趋势了。或者说,社会趋势让这家企业的基础设施走样了,那么这种社会趋势,已经呈现出了很不好的状态。反而,一个好的企业,若能顺应趋势,那么它所有的经营手段，都将是社会趋势的良好反映，这样，它将根据自身的实际经营状况调整其在市场中的行为方式，而不是根据什么监管思路或者计划政策。

在某种程度上来说，商业是社会趋势的一种非常好的预兆。它仅仅用成本和产权，就可以消解权力，它是权力的天敌，所以你就可以理解，为什么在封建社会，士农工商，商是排在最后一位的，而且还遭到统治者的极力打压，这都是有原因的。从这个角度来说，关于一些文学的描写、管理的内容、历史的描述等，或许从商业的角度进行思考，真的可以看出不一样的、异于常规化的观点来，从而用于指导人们的行动。

那么，为什么要说场景？为什么要将场景纳入到对于商业模式理解的环节中来？

我们在本书前面说过，人的行为都是商业，也就是说，人的行为都可以将商业性的东西纳入进来，进而产生盈利，并且形成一种长期性的盈利方式，这就是商业模式。但是商业真的需要过分精确地度量吗？笔者觉得这是不必要的，商业度量是可以形成一种商业模式，但是这种模式的周期应该非常短，或者说终将沦落成为一种"炫技"性质的商业，昙花一现的可能性非常高。

举个例子。

人类行为中有做饭这样的场景，如果要炒一道青菜或者菠菜，那么我们在选菜时，如何从技术的角度辨别出菠菜和青菜？

人们平常的做法是根据青菜和菠菜长期以来形成的物种形状，来辨别出青菜和菠菜。现在市面上已经有了这样的 App，通过扫描的方式，来辨别出某一种植物到底是一种什么植物。但是根据植物的形状进行精确辨别的概率还是比较低的。有没有一种可能性，就是将每一种植物的具体微量元素精确测量出来，形成后台数据库，然后用技术检测的终端设备（假设这种设备已经普及了，就像家用测温枪一样）进行检测，测量出来的数据与后台数据库进行匹配，进而确定这种植物到底是青菜还是菠菜，这样精准辨别某一种蔬菜的概率会高一些。

我们设想这样一种商业模式。生鲜食品行业的物流配送是一种对温度要求非常高的商业模式，如何保证生鲜食品在合适的温度期间送到消费者手中，始终是生鲜物流行业的发展痛点。目前该行业的生鲜食品配送基本上要分为常温、冷藏、冷冻 3 个温度要求区间。目前的配送环节，对于温度的控制一般精确到一位有效数字。但是我们设想如果将温度就像精密测量仪器一样，控制在四五位有效数字，是不是口感会更好？

这样做的方式是否有必要？

一来随着技术的发展，原来人们能够设想的东西应该相信都能实现，但是精确的技术运用，让商业模式变得越来越精细化，是否可以通用到任何商业模式中，从而进行所谓的精细化管理？

这是没必要的。

因为假设人们用技术的手段辨别出了菠菜，同样也能够用技术的手段控制火候、控制调味料的精确数量、控制烹饪时间。也就是说，炒这道青菜的所有工序都是极为精确的，但是也不一定会让我们感到这道菜是合胃口的。这是因为，我们食用这道菜的情绪、当时的心情、环境，甚至当时的气候以及我们坐在某一个位置上的身体状态，都是不一样的，且每次都不一样，这些综合因素都会对我们食用这道菜的感觉产生影响。也就是说，尽管这道炒菠菜用技术的手段已经炒得相当完美了，但是其余的因素也会影响我们食用这道菜的感觉，甚至觉得这道菜非常差。

反之亦然。

所有的商业模式在本质上都具有以上共通性。

因此，我们说场景是不确定的，就是这样的道理。可以将某一个流程或者环节进行精确的计算，或者用技术的手段精确运营某一个环节，但是从整个链条来说，整条链条系统都是不确定的。

因此，进行这样的商业本身是没有必要的。简单一句话就是，我们没必要将商业搞得那么复杂。

也许有的人说，茶道文化作为中国的国粹之一，也搞得非常复杂，目前也是一个极为庞大的市场，代表着一种高雅和身份的象征。但是茶道反而是最没有做到精确计算的，烧水如何烧到精确到六位有效数字、手势如何精确到某一个精确点、停留时间具体要多久，这些都没有做到；反而是没有精确的定位，让茶道成为一种非常高雅的文化，因为如果所有的环节都做到了精确计算，其实就是流水线的机器人而已。茶道复杂，就是因为流程的繁多导致的，而不是精确。

但是为什么我们很多市场从业者，都在寻求一种标准化的东西，来进行改革呢？本身是因为标准化的东西是可度量的，对于企业运营、考核、某一个环节的流程是否有效进行衡量等，都是有用的，但是如果对全流程希望进行有效的精确衡量，是不可能实现的。

故我们说到场景，总是谈论人的行为具有不确定性，就是这样的道理。我们要承认每个商业模式就是不确定的，也认为商业的每一个流程基本上都可以做到精确衡量，但是整条链条是做不到精确计算的。整条链条是一个不确定的体系，不可能做到整条体系精确化（因为整条体系也是不确定的）。

任何能确定物质身份唯一性的特征，都会产生商业模式。例如支付就有多种商业模式，有刷脸支付、虹膜支付、指纹支付等。脸部、虹膜、指纹都是能够确定某一个人区别于他人身份的特征，具有唯一性。

那么对于物（有形与无形）呢？例如上面所说的菠菜和青菜，或者说氧气和氮气，其实都能彼此区分开来，区分的手段（如技术）可以将物质身份的唯一性特征辨别出来，那么商业模式肯定是能够产生的。因此，未来出现什么样的商业模式，其实都无须惊奇，因为最本质的特征，就是这些商业模式无非就是区别物质之身份的手段成熟了，且因为人的行为本身就可以商业化，这些手段只不过被运用到了行为上而已。

我们从人的行为角度来透视商业，进而用场景化来考察商业模式，其实从根本上也是希望从人的角度考量一下商业的本质，这个本质包括商业的形成、走向、具体运作逻辑、过程与变化等，这样有助于人们更好地理解商业，更好地运用商业为人们服务，在经营商业时，路看得更清晰一些、操作的过程尽量少一些艰辛，进而少走一些弯路——尤其是对于商业场景的构建，要努力避免涉及企业家个人权力的集中，通过一些烦琐的细节来彰显权力。但是在服务行业，过分强调赋予消费者的消费权力，也是要区分不同的商业场景的，过度服务有时候并不是一种好的场景。

其实在企业家进行实际经营的过程中，他们从来就是在试图按照人的逻辑来经营企业、面向市场的，只不过体会不一样而已。本书试图从人的行为以及衍生出来的场景的角度，来透视商业的本质，

了解企业家的商业行为本质，或许这样也是一种关照视角，相信后续会有更多的商业研究性著作出现，也定会有很多新颖的观点出现。本书权作抛砖引玉，水平有限，敬请海涵。

是为记。